tredition®
www.tredition.de

AF618030

Inga Karrer

Das Leben finden

Vernunft kontra Weisheit

www.tredition.de

Lektorat: Dr. Matthias Feldbaum

Verlag und Druck:
tredition GmbH, Halenreie 42, 22359 Hamburg

ISBN
Paperback: 978-3-7439-5014-6
E-Book: 978-3-7439-5016-0

Druck in Deutschland und weiteren Ländern

Bibliografische Information der Deutschen Nationalbibliothek: Die Deutsche Nationalbibliothek verzeichnet diese Publikation in der Deutschen Nationalbibliografie; detaillierte bibliografische Daten sind im Internet über http://dnb.d-nb.de abrufbar.

Auf der Suche

Ich war verwirrt. Ich hatte mich verirrt. Ich wusste nicht, wohin ich gehen sollte. Ich rannte von einem „Erlöser" zum nächsten. Ich habe jeden Stein umgedreht, hinter jeden Baum geschaut, um die Liebe zu finden. – Nicht diese „Liebe", die man kaufen kann. Nein und wieder nein – das wollte ich nicht mehr. Ich wollte die beständige, die treue, ich wollte die Liebe, die ich nie bekommen hatte.

Heute weiß ich, dass sich wohl alle Menschen nach ihr und nach Treue und Geborgenheit sehnen. Und was ist der Mensch bereit, dafür zu zahlen!? Oft einen hohen, einen viel zu hohen Preis. Und was sie dafür erhalten ist Tand, ist Schund, ist selbstzerstörerisch.

Viele Wege habe ich ausprobiert, um hinter den Sinn meines Lebens zu kommen. Auf die weiße und schwarze Magie, auf die Esoterik habe ich mich eingelassen. Ich war bei Hellsehern, um einen Blick in die Zukunft zu werfen. Warum? Meine Vergangenheit empfand ich als schwer und unerträglich. Nun wünschte ich mir eine wunderbare Zukunft. Jeden irgendwie gearteten Strohhalm versuchte ich festzuhalten.

Ich habe mich zeitweise in einem Zustand von surrealem Leben befunden, wo Silberfäden und Engelsgestalten, Bannsprüche und Astralreisen wichtige Themen waren. Ich hatte Kontakt zu Hexen und Meistern der schwarzen Magie. Es hat mich verzaubert, Wissen über Dinge zu haben, das für die „normalen" Menschen nicht verfügbar war.

Wenn ich zurückschaue, schaudert es mich noch immer, auf wie viel Böses ich mich eingelassen habe. Und es ist kein

Spiel – es ist grausame Realität. Der Feind wird immer unsere Schwachstellen nutzen, um sein furchtbares Ziel zu erreichen. In der Bibel steht: Ein Dieb (also Gottes Widersacher) kommt nur um zu stehlen, zu schlachten und umzubringen.

Erste Begegnung mit Ihm

Meine Kinderzeit und Jugend waren geprägt von Lieblosigkeit und Gewalt. In meiner Familie hatte ich die Rolle des schwarzen Schafes. Ich war ein Bastard (das war auch mein Name) und hatte nur Halbgeschwister. Irgendwie war nichts ganz in meinem Leben. Meine älteste Schwester sagte mir einmal: „Weißt du, warum die Mama dich immer haut, wenn sie dich bloß ansieht? Du siehst aus wie dein Vater." Erst da fing ich an zu kapieren, warum ich eine andere Stellung in dieser Familie hatte, und das machte mich noch einsamer. Aber auch hier gab es nicht nur Schwarz.

Als ich ungefähr drei oder vier Jahre alt war, lief ich, wie so oft, zu meiner alten Eiche, die am Rande unseres Gartens stand. Hier unter ihren Zweigen fühlte ich mich beschützt und geborgen vor Sonnenstrahlen und Regen.

An diesem Tag hatte ich dort einen Traum. Ich sah mich auf den Schultern eines jungen Mannes sitzen. Ich kannte ihn nicht – aber er schien mich zu mögen. An seiner Seite liefen meine Mutter und meine Geschwister. Wir gingen zur Kirmes. In Wirklichkeit war ich noch nie da gewesen. Meine Schwestern hatten aber davon erzählt. Nun war ich dort. Ich bekam alles, was ich mir wünschte: Zuckerwatte, ein leckeres Eis, durfte Karussell fahren. Meine Geschwister auch, aber nur ich thronte immer wieder auf seinen Schultern. Ich war so glücklich wie noch nie in meinem Leben.

Dieser Tagtraum wiederholte sich in der nächsten Zeit noch einige Male. Dann war er vorbei. Und jetzt weiß ich, dass Jesus, mein Retter, mich schon als kleines Kind bewahrt und glücklich gemacht hat.

Ein Vater?

Bis zum heutigen Tag ist mir mein Vater ein Rätsel geblieben. Ich war sein einziges Kind. Warum bekannte er sich nicht zu mir? Er ist nach dem Ehebruch, der durch meine Geburt sichtbar geworden war und der Schande (das war ich) mit seiner Frau aus dem Dorf weggezogen.

Ich habe ihn nie gesehen – manchmal denke ich, doch. Ich habe ihn gesehen – oder war er es gar nicht? Ich wünsche mir, dass er es doch war, dieser Mann mit dem roten Haarkranz. (Meine Mutter sprach so gut wie nie über ihn und wenn, dann nannte sie ihn den Rotfuchs.)

Ich kam von der Schule. Gegenüber war ein Wall, der die tiefer gelegenen Stadtteile vor dem Fluss schützte. Dieser Wall war so breit, dass Autos darauf hätten fahren können. Ich kam aus der Schule und sah auf dem Wall einen Mann stehen, der mich fotografierte – es war sonst niemand da, der ein Motiv hätte sein können. Und der Mann hatte rote Haare.

Ich wusste mit dieser Begegnung zunächst nichts anzufangen. Als sich aber diese Szene wenige Tage später wiederholte, schoss es mir durch den Kopf: Das ist mein Vater! Ich schrie: „Papa, Papa, warte auf mich!“ Dann rannte ich an das Ende des Walls, wo man über eine Treppe hinauf gelangen konnte. Doch als ich atemlos oben ankam, war die Stelle, an der er eben noch gestanden hatte, leer.

Dafür habe ich ihn lange, lange verachtet und habe mir oft überlegt, wie anders mein Leben verlaufen wäre, wenn er gewartet hätte.

Meine Identität

Meine Großeltern mütterlicherseits durften, als sie Rentner wurden, von Stralsund in den Westen zu uns kommen. Sie blieben vier Wochen.

Meine Oma mochte ich nicht. Sie bevorzugte meinen Bruder, der sowieso der Prinz in unserer Familie war. Er war halt der einzige Junge und auch noch der Kleinste. Ich ging schon in die Schule – ich glaube, in die erste Klasse. Ich hatte einen langen Schulweg.

Eines Tages kamen mir auf meinem Heimweg mein Opa und mein kleiner dicker Bruder entgegen. Ich freute mich. Mein Opa nahm meine Hand, an der anderen hatte er meinen Bruder. Und so marschierten wir nach Hause. Irgendwann fragte mein Opa mich, warum ich immer so traurig aussähe, ob ich Kummer hätte. Den hatte ich. Und zwar großen. Die Kinder in meiner Klasse fragten mich oft, warum ich anders heiße als meine Geschwister. Mir war das vorher nicht aufgefallen. Und die Kinder sagten, sie glaubten, ich gehöre gar nicht zu der Familie meiner Geschwister. Und ich hatte keine Antwort.

Zu Hause angekommen, nahm mein Opa mich zwischen seine Knie und fragte mich, ob meine Mama mir noch nie erzählt habe, warum ich einen anderen Namen habe. (Früher erhielten unehelich geborene Kinder grundsätzlich den Mädchennamen ihrer Mutter.) Er streichelte mir über den Kopf und erklärte mir: „Weißt du, du heißt genauso wie ich, weil du mein Mädel bist." Ich konnte mein Glück kaum fassen. Es war das Schönste, was mir passieren konnte, zu heißen wie mein geliebter Opa und sein Mädel zu sein. Nun hatte ich einen so wunderbaren Namen, seinen Namen und fühlte, dass ich zu ihm gehörte.

Dieser großartige Mann, der wichtigste Mann in meinem Leben – alle nachfolgenden konnten nicht im Mindesten an ihn heranreichen –, er gab mir meine Identität. Und er erzählte mir von Gott und Seinem Sohn. Er erzählte mir von der Liebe dieses Vaters für alle Menschen, und ganz besonders für so kleine traurige Menschlein, wie ich eines war. Er sagte mir, dass Gott mein Papa ist und ich zu Ihm immer kommen kann, dass Er mir zuhört, wenn ich Kummer habe, und dass ich niemals mehr allein sein werde, und dass Er mir hilft.

Bei der Abreise versprach mir mein Opa, mir jeden Monat eine Karte zu schreiben, wenn ich ihm immer antworten würde.

Und so konnte ich kaum abwarten, die erste Post von ihm zu bekommen. Es war eine wunderschöne Karte. Zwei starke Engel in roten langen Kleidern, mit gewaltigen Flügeln hatten ein kleines Mädchen an ihrer Hand. Die Kleider waren aus Samt und ich konnte darüberstreichen. Sie fühlten sich ganz weich an und ich meinte, die Wärme von Opas Hand zu fühlen.

Ich antwortete sofort und treu erhielt ich jeden Monat eine neue Karte. Immer mit den starken Engeln aber unterschiedlich gestaltet. Ich glaube, ich habe sieben Karten bekommen.

Dann schrieb mein Opa nicht mehr. Er war gestorben und ich war untröstlich. Doch ich weiß, er hat ein Samenkorn in mein kleines Herz gelegt, das sehr, sehr lange brauchte, bis es endlich aufging.

Die Suche geht weiter

Nun sitze ich hier und stelle fest, dass der HERR sich siebenundfünfzig Jahre um mich bemüht hat und ich nicht bereit oder fähig war, zu erkennen, wie aussichtslos alles andere war.

Ich hoffte ja die ganze Zeit, doch noch irgendeinen Strohhalm zu fassen zu bekommen, der mich retten würde. Ich war mir bewusst, dass ich nicht glücklich war und keines meiner Ziele erreicht hatte. Für mich stand immer fest, dass dieser Gott nur für Menschen ist, die im Leben nicht zurechtkommen und sich deshalb an einen Gott klammern, weil sie sonst untergehen würden. Aber ich spürte dennoch immer häufiger, dass ich ja auch nicht klarkam. Alle meine Pläne waren nach und nach zerbrochen. Mein Herz war es auch.

In der psychosomatischen Klinik lernte ich lauter zerbrochene Menschen kennen, aber ich war natürlich der Frosch, der sich retten konnte. „Zwei Frösche fielen in ein Glas mit flüssiger Sahne. Der erste stellte schnell fest, dass er nicht entrinnen konnte. Er gab auf und ertrank. Der zweite Frosch strampelte stundenlang. Da wurde die Sahne steif und er konnte problemlos aus dem Glas hinausklettern." Ich fühlte mich schnell den anderen überlegen, insofern als sie zu strampeln aufgehört hatten – ich nicht.

Auch außerhalb der Klinik war ich diejenige, die fast jedes Problem der Mitmenschen lösen konnte. Es kostete mich manchmal große Mühe und viel Nachdenken, bis ich eine Lösung fand. Und oft genug war mein Rat dann gar nicht mehr gefragt. Dann war ich natürlich beleidigt und fühlte mich benutzt.

Ich war stolz auf meine Logik und meinen Durchsetzungswillen, auf meinen Mut und meine Hilfsbereitschaft. Ich war human – aber ich liebte nicht. Ich liebte die Menschen nicht. An jedem fand ich irgendetwas Negatives. Hier war's ein Pickel, dort waren es zu dicke Beine. Am meisten aber nahm ich mich unter die Lupe und schnitt, was mein Aussehen anging, sehr schlecht ab.

Von dem Moment an, als Jesus in mein Herz eingezogen war, passierte in meinen Augen das größte Wunder mit mir – ich fand an allen Menschen etwas Gutes: hier waren es schöne Augen, dort eine angenehme Stimme, ein bezauberndes Lächeln oder hübsche Hände. Er hatte mich in diesem Punkt um 180° gedreht. Ich staune noch heute darüber, wie plötzlich und unmerklich sich diese Veränderung an und in mir vollzogen hat – und sie dauert noch immer an.

Narbenherz

Die einzigen, die ich mit aller Hingabe liebte, waren meine Kinder. Wir waren arme Leute, weil mein Mann Alkoholiker war und viel Geld verbrauchte. Oft war er arbeitslos, sodass ich ständig in Existenzangst lebte.

Es gab Tage, an denen ich nichts aß, damit ich für mein erstes Kind, meine wunderbare Tochter, Milumil kaufen konnte.

Wenn mein Mann betrunken nach Hause kam, hatte ich immer Angst vor dem, was nun passieren würde. Er schlug mich oft und heftig, und eines Tages wollte ich nicht mehr geschlagen werden. Ich hörte ihn die Treppe heraufpoltern, nahm eine Pfanne und als er die Tür öffnete, schlug ich zu. Er fiel ohnmächtig zu Boden. Ich zog ihn in die Wohnung, ließ ihn liegen und ging ins Bett. Und ich schlief tief und fest in dieser Nacht.

Dieses Erlebnis zeigt mir, dass Menschen wirklich gefühllos werden können, wenn man sie lange genug demütigt und verletzt.

Es gibt ein Lied, das von einem Narbenherz handelt. Neulich ist es mir eingefallen, als ich so über mein Leben nachdachte und auch über manche Ungerechtigkeit, die ich begangen hatte. Wenn man viele Verletzungen abbekommen hat, vernarbt das Herz. Narben dehnen sich nicht. Das Herz wird immer starrer.

Doch Gott hat uns versprochen, dass Er aus unserem harten ein weiches Herz machen wird. Dazu heilt Er erst einmal alle Wunden, streichelt mit zarter Hand alle Narben weich, und dann spürt man plötzlich Liebe für andere. Man wünscht sich, dass alle Menschen Ihn kennenlernen, Ihn, der Seine Geschöpfe so sehr liebt.

Irgendwann reichte unser Geld gar nicht mehr und ich musste arbeiten gehen. Ich werde die Tränen meines kleinen Sohnes nie vergessen, die ich sah, als ich mich auf meinem Weg umdrehte. Er stand so klein und traurig am Fenster. Und ich musste mich zwingen weiterzugehen. Aber irgendwie musste doch Geld ins Haus kommen.

Mein Mann schlug im betrunkenen Zustand brutal zu, sodass er mir einmal das Schlüsselbein, einmal das Jochbein angebrochen hatte. Einmal nahm er meine Hand und schlug sie so heftig an die Tischkante, dass der Mittelhandknochen brach. Ich wurde daraufhin krankgeschrieben und bekam einen Gips. Da es die rechte Hand war, konnte ich zu Hause bleiben – und mein kleiner Sohn war glücklich.

Doch auch diese Zeit ging vorbei und als ich den ersten Tag wieder zur Arbeit gehen musste, hielt er meinen Jackenzipfel fest und weinte: „Mama, nich arbeiten gehen, Mama kank sein, hier beiben!“ Es zerbrach mir fast das Herz. Ich musste meine Kinder einem Hausmädchen überlassen.

Hätte ich nur damals schon gewusst, dass ich mit meinem Gott über Mauern springen kann. So versuchte ich, diese Mauern, die es in jedem Leben gibt, allein wegzuräumen. Ich versuchte, das Leben irgendwie hinzukriegen. Und musste immer wieder feststellen, dass ich es nicht schaffte.

Erziehung – wie macht man das?

Die Erziehung meiner Kinder lag nur in meinen Händen. Aber ich wusste nicht, wie es geht. Ich holte mir Bücher aus der Bücherei und versuchte, danach die Kinder zu leiten und zu lenken.

Hatte selbst keine Ahnung, wie man durchs Leben kommt und stand da mit der Verantwortung für drei kleine Leben. Ich wollte alles richtig machen. Ich wollte meinen Kindern helfen, trotz aller sehr ungünstigen Umstände, lebenstüchtig zu werden.

Im Rückblick auf die Kinderzeit meiner drei habe ich gedacht, dass ich vieles gut gemacht hätte. So oft es ging, war ich mit ihnen auf dem Holzspielplatz oder im Schwimmbad. Wir hatten so viel Spaß miteinander. Wenn das Wetter nicht so schön war, blieben wir zu Hause und oft legten wir eine Decke auf den Wohnzimmerboden und picknickten mit Frikadellen und hart gekochten Eiern.

Sicher, ich musste arbeiten gehen, aber die Zeit, die ich irgendwie freibaggern konnte, haben wir genutzt.

Wir waren nie eine „normale" Familie. Meine Kinder konnten genauso wenig Wurzeln schlagen wie ich. Ich denke, sie können auch nicht sagen, wo ihre Heimat ist.

Nie habe ich meine Kinder geschlagen, nicht eine einzige Ohrfeige, weil ich Angst hatte, dass es mir gehen könnte wie meiner Mutter, die, wenn sie anfing mich zu schlagen, fast nicht mehr aufhören konnte.

Einmal schlug sie mir mit dem Feuerhaken immer wieder auf den Kopf. Ich kniete vor ihr. Alles war voller Blut. Da kam meine älteste Schwester von der Schule, fiel ihr in den Arm und schrie: „Hör auf, du schlägst sie ja tot!"

Ich glaube, meine Mutter erwachte in diesem Moment aus einem Albtraum. Nie wieder hat sie mich danach so sehr geschlagen. Aber ich hatte Angst davor, dass ich dieses Böse auch in mir hätte.

Wie bekomme ich Ruhe in mein Leben?

Manchmal war ich nervlich am Ende, und damit ich nicht ungerecht und unbeherrscht wurde, habe ich mir Valium verschreiben lassen. Das war damals kein Problem. Man konnte so viel bekommen, wie man wollte.

Nach einigen Monaten ist es dann passiert: Es war Wochenende und ich hatte keine Tabletten mehr. Ich drehte völlig durch. Suchte an den unmöglichsten Orten und war voller Hektik und voller Angst, weil ich nicht wusste, was nun mit mir geschehen würde.

Doch aus irgendeinem Grund war mir plötzlich klar, dass ich damit aufhören musste. Sofort! Ich erschrak vor der Erkenntnis, dass ich abhängig war. Von diesem Tag an nahm ich keine Tabletten mehr. In den ersten Tagen hatte ich noch leichte Entzugserscheinungen. Aber dann war diese überwunden.

Jetzt bin ich mir bewusst, dass mein himmlischer Vater mich immer wieder vor großen Gefahren gerettet hat. Er gab mir den plötzlichen Gedanken über die Gefährlichkeit meines Tuns, aber auch die Lösung und dadurch die Befreiung.

Großer, allmächtiger Gott, ich lobe und preise Dich, weil Du für alle Menschen einen Plan hattest, der sie frei von Sünde und Schuld gemacht hat – Jesus, Dein Sohn ist für unsere Schuld gestorben. Wir müssen uns nicht mehr anklagen lassen, weder von anderen noch von uns selbst.

Immer wieder passierten Dinge in meinem Leben, die es eigentlich nicht geben konnte. Heute weiß ich, dass Gott auf mich aufgepasst hat. Ich bin in Situationen gekommen, in denen sicherlich nicht ich diejenige war, die aus eigener Kraft richtig reagiert hat.

Gott war immer da

Gerade hatten wir die neue Tankstelle übernommen, ich war zum dritten Mal schwanger, und wir suchten auch noch dringend nach einer Wohnung in der Nähe unseres neuen Arbeitsplatzes. Freunde von uns, die kinderlos waren, hatten sich in unseren Sohn „verliebt“, der gerade ein Jahr alt war.

Als sie uns fragten, ob der Kleine übers Wochenende mal bei ihnen bleiben dürfe, hatten wir nichts dagegen. Es kam dann immer wieder vor, bis sie uns von ihren Reiseplänen erzählten. Unser Sohn war gern bei den Freunden und so willigten wir auch ein, dass er mit in Urlaub fahren sollte. Mir war es eine Hilfe in dieser hektischen Zeit, ihn in guter Obhut zu wissen.

Die geplanten drei Wochen waren vergangen, und sie meldeten sich nicht bei uns. Mein Mann beruhigte mich mit der Idee, dass sie den Urlaub vielleicht noch um eine Woche verlängert hätten.

Als aber auch diese Woche vorbei war, ohne dass wir ein Lebenszeichen von ihnen bekamen, fuhren wir zu ihnen. Die Jalousien waren heruntergelassen. Doch Nachbarn erzählten uns, dass unsere Freunde vor einer Woche mit unserem Sohn zurückgekommen waren.

Aber wo waren sie? Wir fuhren unverrichteter Dinge wieder nach Hause und versuchten, sie telefonisch zu erreichen. Sie gingen nicht ans Telefon. Was sollten wir machen?

Wir hatten inzwischen eine Wohnung gefunden und fingen mit den Umzugsarbeiten an. Irgendwie konnte mein Mann mich noch einmal davon abhalten, die Polizei einzuschalten und überredete mich, noch eine Woche zu warten.

Am letzten Tag der Woche früh am Morgen, der Betrieb hatte noch nicht begonnen, saß ich im Büro. Die Tür war offen, und es war ganz still. Plötzlich hörte ich eine Kinderstimme jauchzen. Das war mein Junge! Nein, das kann doch nicht sein! Ich irre mich! Da, wieder, es ist mein Sohn! Ich rannte los, in die Richtung, aus der ich ihn gehört hatte. Da war eine hohe Hecke. Sie endete an einem Haus. Ich klingelte. Eine ältere Frau öffnete mir. Ich stieß sie zur Seite und rannte geradewegs durch die gegenüberliegende offene Terrassentür. Da war er, mein Kleiner. Ich riss ihn in die Arme. Meine Freundin stand völlig regungslos da. Mein Junge schrie: „Mama, Mama!" Er meinte nicht mich!

Ich ließ ihn nicht los und rannte zurück An der Tankstelle angekommen, herzte und küsste ich meinen Kleinen und weinte vor Glück und Erleichterung. Er weinte auch. Er wollte wieder zurück. Aber ich hatte ihn wieder und würde ihn niemals mehr fortlassen.

Ja, auch diesmal

Zu der neuen Tankstelle gehörte eine Waschstraße. Von circa vierzig Zentimeter breiten, starken Eisenrollen wurden die Autos durch die Anlage gezogen. Die Rollen fielen am Ausgang in einen Schacht, der sich immer kurz vor dem Eintreffen der Rollen öffnete. Dafür sorgte eine Lichtschranke.

Es war wieder einmal so ein Tag, an dem ich am liebsten zehn Hände gehabt hätte. Ich war dabei, ein Auto zu betanken, Leute redeten auf mich ein, Bremsen quietschten und Hupen wurden betätigt. Es war ein Riesenkrach auf dem Gelände.

Und durch diese vielen ohrenbetäubenden Geräusche vernahm ich den Schrei meines kleinen Sohnes. Und ich wusste, dass er in Lebensgefahr war und auch, wo er sich befand.

Irgendwie war er in die Lichtschranke geraten, dadurch öffnete sich der Schacht, und die nächste Rolle war schon nahe an seinem Bein um ihn mit in den Schacht zu ziehen und damit zu zerreißen. Ich rannte und wie in Trance schlug ich auf den Notausschalter! Die Anlage stand still!

Bis heute hat er eine leichte Delle an seinem Bein, die von diesem schrecklichen Unfall zeugt.

Gott ist treu

Meine Große wurde durch meine Berufstätigkeit und den Zeitmangel immer nervöser, sodass sie im Kindergarten unangenehm auffiel und ich vorstellig werden musste. Wir gingen zum Kinderarzt, der ihr einen Beruhigungssaft verschrieb. Ich sollte ihr den immer am Mittag nach dem Kindergarten geben, wenn sie ihren Mittagsschlaf hielt.

Hinter dem Tankstellenbüro war ein kleiner Raum, in den ich eine Matratze gelegt hatte. Dort schlief sie mittags.

Ich gab ihr gleich am folgenden Tag die Arznei. Als sie nach zwei Stunden noch immer nicht wach war, ging ich zu ihr und musste zu meinem Entsetzen feststellen, dass die Flasche mit dem Medikament offen und leer war.

Ein „zufällig“ anwesender Kunde fuhr uns ins nächste Krankenhaus, in dem wir aber auch nach einer halben Stunde noch nicht aufgerufen wurden. Ich wies die Schwester auf den Zustand meiner Tochter hin und fragte, wann jetzt endlich der Arzt käme. Sie antwortete mir, heute wohl nicht mehr. Ich schrie nach einem Krankenwagen. Der wurde aber nicht gerufen.

Endlich saß ich in einem Taxi, mein Kind auf dem Schoß. Der Taxifahrer hat auf dieser Wahnsinnsfahrt sicher zehnmal seinen Führerschein riskiert. Er fuhr verkehrt herum durch Einbahnstraßen, bei Rot über Ampeln, über Gehwege, wenn er sonst hätte warten müssen. Schaute immer wieder auf das Kind und riskierte wirklich alles. Über Funk rief er seine Zentrale an, damit von dort aus das Kinderkrankenhaus benachrichtigt würde.

Ich habe ihm nicht einmal danke gesagt und ihn auch nicht bezahlt. Ich war so durcheinander, dass ich alles vergessen habe. Aber ich weiß, dass diese Tat nicht unbeglichen bleibt. Es wird diesem unbekannten Taxifahrer sicherlich alles vergolten, was er für uns getan hat.

Die behandelnde Ärztin rannte mir schon entgegen. Sie riss mir das Kind vom Arm. Nach langer Zeit, ich weiß nicht mehr, ob es zwei oder drei oder zehn Stunden waren, kam sie und konnte vorläufige Entwarnung geben. Nach Magenauspumpen und Infusionen hatte sich der Gesundheitszustand meiner Tochter stabilisiert.

Vater im Himmel, ich danke Dir dafür.

Selbstwertgefühl?

Ich schreibe jetzt einfach alles auf, was mir so in den Sinn kommt. Es ist nicht chronologisch, und mir geht es auch nicht darum. Mein Wunsch ist es, dem Herrn der Herren alle Ehre zu erweisen, die Ihm gebührt; denn Ihm habe ich mein Leben zu verdanken, und von Ihm habe ich sehr viel gelernt.

Mein Mann, der meistens arbeitslos war, wenn er nicht gerade einen Aushilfsjob hatte, z. B. als Taxifahrer, hatte mich an eine Bar „vermittelt", für 50 DM. Zu dieser Zeit hatten wir erst ein Kind. Mit unserer Tochter wohnten wir in einer kleinen „Bruchbude", in die es hereinregnete. Der Vorteil war, sie kostete nicht viel. Ja, und als wir einmal selbst die fünfzig Mark für die Miete nicht hatten und mir ein Kunde anbot, mich „nach Hause" zu fahren, er gäbe mir 50 Mark dafür, habe ich eingewilligt. Als diese eklige Sache vorbei war, bekam ich den Geldschein, der, obwohl ich ihn doch brauchte, für mich dreckig war. Ich verachtete den Mann und vor allem verachtete ich mich.

Ich habe in meinem Leben gelernt, wie man sich selbst sieht, so sehen einen auch die anderen. Ich war ja nichts wert – niemandem! Es kam nicht mehr darauf an, wie schmutzig ich mich benahm. Aber ich schämte mich vor meinem Kind und vor mir.

Diesmal der Richtige?

Nach ungefähr einem Jahr nahm ich meine Tochter und ein paar Sachen und ging weg von meinem Mann, der mich betrog, belog und schlug. Ich zog in eine Studentenkneipe, wo ich Arbeit fand. Mein Kind musste ich unter der Woche zu meiner Mutter bringen.

In dieser Kneipe verkehrte auch ein Mann, der immer nur seine Bratkartoffelpfanne (er nannte es farmers-early-piece) verspeiste. Mit ihm kam ich ins Gespräch, und er achtete mich und meine Meinung. Er war ein gepflegter, intelligenter Mensch, der dabei war, sein Ingenieurstudium zu absolvieren. Für mich war es eine Ehre, und ich konnte es nicht fassen, dass es da jemanden gab, der mit mir so freundlich umging und mich als Mensch würdigte. Dieser Mann wurde dann viel später mein zweiter Ehemann.

Nach meiner Flucht mit meinen drei Kindern vor meinem gewalttätigen Mann in den Süden Deutschlands, begann ein wenig Ruhe in mein Leben einzukehren. Mein zweiter Ehemann hatte uns ein Haus mit Garten gemietet. Für die Kinder ein Paradies, und ich war glücklich. So hätte es bleiben können. Er musste mich sehr lieben, weil er mich zu sich nahm, obwohl ich drei Kinder hatte. Meine Mutter bläute mir ein, dass ich ihm dankbar sein müsse, dass er meine Kinder akzeptierte. Und ich war dankbar.

Wir ließen uns nicht kirchlich trauen, er wollte das ausdrücklich so, und mir war es egal, ich war zufrieden, dass er mich überhaupt heiratete.

Aber auch dieser, fast glücklich zu nennender Lebensabschnitt war nur von kurzer Dauer. Mein zweiter Ehemann war im ersten Jahr unseres Zusammenlebens ein wunderbar aufmerksamer, liebevoller, geduldiger Partner.

Das änderte sich nach einem Jahr. Er kam manchmal sehr spät nach Hause und hatte dann reichlich getrunken. Ich hatte Angst, vom „Regen in die Traufe" gekommen zu sein. Es gab eine große Auseinandersetzung, dann hörte er damit auf.

Dafür entwickelte er eine Kontrollsucht, engte mich finanziell total ein und verlangte für alle Ausgaben, die ich im Rahmen meiner Haushaltsführung machte, Belege und Erklärungen. Er kontrollierte am letzten Tag des Monats, wenn die Kinder wirklich schon längst die letzte Mark ausgegeben hatten, wie viel Taschengeld noch vorhanden war.

Natürlich war keins mehr da, aber ich half aus, damit sie nachweisen konnten, dass sie mit ihrem Taschengeld gut umgegangen waren.

Er begann, die Kinder zu belauschen, und wenn sie draußen spielten, sie durch die Gardine zu beobachten. Ich hasste das.

Als ich dann erfuhr, dass er meinen kleinen Sohn, der damals ungefähr sieben Jahre alt war, mit einem Stock schlug, war dieser Traum auch wieder ausgeträumt. Ich hielt noch ein paar Jahre durch, weil ich mir einfach nicht eingestehen wollte, was doch längst Realität war. Eines Tages erhob er seine Hand auch gegen mich. Damit war auch diese Ehe am Ende: Niemand sollte mich je wieder schlagen!

Nun kamen natürlich die Gedanken: Bin ich nicht fähig, eine gute Ehefrau zu sein? Bin ich nicht im Stande, eine gute Beziehung zu haben?

Alles was ich von Menschen wünschte und erwartete, bekam ich einfach nicht. Immer wieder wurde ich enttäuscht. Ich konnte so viel investieren, wie ich wollte, es half alles nichts. Heute glaube ich, dass ich viel zu viel erwartete. Diese Liebe, die alles verzeiht, nicht an sich selbst denkt, ohne Ansprüche nur geschenkt wird, kann kein Mensch aufbringen. Diese absolute Liebe gibt es nur bei Gott!

Ein Neuanfang? – Nein, zu spät!

Ich weiß nicht, ob das Festhalten an dieser kaputten Beziehung oder das Nichtfesthalten daran Grund für meine Kinder war, zu gehen.

Meine älteste Tochter brach unter der Last meiner beiden gescheiterten Beziehungen zusammen und plante ihren Suizid. Ihre Lehrerin rief mich an und teilte mir ihre Befürchtungen mit.

Ich konnte zwar zunächst verhindern, dass sie sich das Leben nahm, aber dafür musste ich mein Kind in ein psychiatrisches Krankenhaus bringen. Ihre Schreie hallen mir noch heute in den Ohren: „Mutti, bitte nimm mich wieder mit, ich mach's nicht mehr, bitte nimm mich mit!" Sie war achtzehn Jahre alt und hatte unterschrieben, dass sie dortbleiben wollte. Man drängte mich fort von ihr, und so stand ich vor der Tür, hinter der meine Tochter um Hilfe schrie, die ich ihr nicht geben konnte.

Nachdem mein Sohn sein Abi gemacht hatte, begann er sein Medizinstudium und zog weg. Und meine Jüngste verliebte sich in einen jungen Mann, mit dem sie ins Ruhrgebiet ging. So war das Haus plötzlich leer – und ich trauerte um meine Kinder.

Doch auch jetzt verlor Gott mich nicht aus den Augen. Er schenkte mir immer wieder Begegnungen mit Menschen, die mir kostbar wurden. Natürlich konnte niemand den Platz meiner Kinder einnehmen, aber ich wurde so oft mit Liebe und Freundschaften beschenkt, dass der Schmerz mit der Zeit immer leiser wurde.

Doch, ich bin liebenswert - oder?

Ich versuchte, mir meine Bestätigung beim Tanzen zu holen. Und dort bekam ich sie auch - zunächst einmal.

Wie viele Männer forderten mich auf, und ich war glücklich. Manchmal standen die Männer Schlange, und ich fühlte mich geehrt und umworben und war glücklich. Ich war doch etwas wert. Diese Männer kannten mich nicht, wussten nichts von mir, also war ich doch in ihren Augen beachtenswert. Ich musste nichts beweisen, keine Anzahlung leisten. Man mochte mich einfach. Ja, das war schön. Ich flog von einem Arm in den anderen.

Meine Sorgen, meine Ängste alles war verschwunden. Ich gab mich ganz dem Rhythmus hin, ich ließ mich führen und mich anhimmeln, ich schwebte und vergaß die unbarmherzige Realität.

Aber auch diese herrlichen Stunden, dieses Träumen von einer besseren Zeit, einem leichteren und freieren Leben täuschten mir nur vor, was ich so sehr suchte, wonach ich mich so sehr sehnte.

Irgendwann glaubte ich die Beteuerungen nicht mehr, die man mir ins Ohr flüsterte. Irgendwann wurden sie fad und abgestanden.

Letztendlich waren auch diese galanten Männer nichts anderes als Opfer. Auch sie saßen einer Täuschung auf. Auch sie glaubten, hier die wirkliche Liebe zu finden. Und wir alle wollten nur Wärme und Geborgenheit.

Ich hatte genug von dem Spiel. Und ich versuchte ein neues und wieder ein neues und immer wieder ein neues.

Erster Kontakt zur Bibel und doch wieder ein Umweg

Bei einem Skiunfall hatte ich mir alle Bänder im Knie abgerissen. Es folgten mehrere Operationen. Nach intensiver Krankengymnastik wurde mein Bein wieder funktionsfähig.

Aber nach ungefähr zwei Jahren stellte ich eine taube Stelle an meinem verletzten Knie fest, die sich immer mehr ausbreitete und irgendwann meinen Fußknöchel erreichte. Nun bekam ich Angst, dass ich bald meinen Fuß nicht mehr würde beherrschen können.

Ich ging zum Arzt, der mir zu einer erneuten Operation riet. Da gerade durch die Operationen Nerven verletzt worden waren, die zu dem jetzigen Zustand geführt hatten, lehnte ich ab.

Jemand empfahl mir einen Heilpraktiker, der mich mit Akupunktur und Schröpfen behandelte. Nebenbei war es eine ziemlich teure Behandlung. Aber ich verdiente in dieser Zeit ganz gut und „gönnte" es mir, um der Operation zu entgehen.

Durch diesen Heilpraktiker, der mich einmal über eine Stunde im leeren Wartezimmer sitzen ließ, bis ich mich traute, an die Tür zum Behandlungsraum zu klopfen, bekam ich einen ersten Bezug zur Bibel. Nachdem er mich nicht hereinbat, trat ich einfach ein und sah ihn, tief versunken über ein zerfleddertes Buch gebeugt, lesen. Dann griff er nach dem Buch, das daneben lag und im selben Zustand war.

Er bemerkte mich nicht. Ich sprach ihn an und er sagte mir: „Sie müssen unbedingt in der Bibel lesen, das ist so interessant. Aber meine wirkliche Bibel ist dieses Buch." Er zeigte mir den Umschlag. Der Titel war: *Die Kraft der universellen Energie.*

So kaufte ich mir dieses Buch. Und ich war fasziniert von den Ausführungen des Autors über Gott und die Welt. Und viele von seinen Erklärungen und Behauptungen trafen sich mit meinen eigenen Überlegungen. Er behauptete zum Beispiel, dass man sein Leben mit positivem Denken verändern kann.

Ich merkte nicht, dass ich einer gefährlichen Irrlehre begegnete. Ich kopierte irgendwann das gesamte Buch für meine Freundin, weil dieses Buch nicht mehr aufgelegt wurde. Wir diskutierten stunden-, ja tagelang über den Inhalt und waren beide begeistert.

Das positive Denken bereitete mich aber auch darauf vor, weitere falsche Strömungen der Spiritualität auszuprobieren.

Ich landete schnell in der Esoterik. Hier begegnet man ja dem vermeintlich Guten. Ich suchte das „innere Kind“, das verletzt, sich irgendwohin, ganz tief in meinem Inneren, verkrochen hatte, angstvoll auf das Leben schaute und hervorgeholt werden sollte. Es musste langsam lernen, dass das Leben auch schöne Seiten hat. Ich sollte durch meine Liebe dieses Kind von seiner Angst befreien.

Eines Tages wollte ich mich wieder einer meiner vielen Meditationen hingeben. Die Sphärenmusik war leise eingeschaltet, das Räucherstäbchen verbreitete orientalischen Duft. Ich saß im Lotussitz auf meiner Decke.

In diesem Moment durchzuckte mich ein Gedanke: Was passiert, wenn ich mich in mir verlaufe, wenn da ein Labyrinth ist, aus dem ich nicht mehr herausfinde, was dann? Erschrocken sprang ich auf, stellte die Musik ab, löschte das Räucherstäbchen und wusste, ich wollte nie wieder die Kontrolle über mich abgeben. Denn mir war klar, genau das ist es. Ich liefere mich aus – ich wusste damals nicht an wen, aber ich ahnte, dass es gefährlich für mich wäre.

Ganz leise kam ich durch die Esoterik auf das Gebiet der Magie. Ich legte Tarotkarten, das war ja nur ein Spiel, das hatte ja keine Bedeutung. Erst nur für mich, dann auch für andere. Es gefiel mir, wenn ich immer wieder Bestätigungen meiner Voraussagen bekam. Natürlich waren das alles nur zufällige Übereinstimmungen mit meinen Prophetien. Ich nahm das alles nicht sehr ernst, aber wurde durch das häufige Eintreffen meiner aus den Karten gelesenen Erkenntnisse immer neugieriger auf die Deutungen für meine Zukunft. Und auch da gab es immer häufiger Treffer.

Ich liebte die Mittelaltermärkte. Mich zog magisch das Zelt der Hellseherin an.

Ich übte mich in Handlesekunst und besuchte mit einem todkranken Mann einen Heiler, der mit Ruten und Pendeln versuchte, die krankmachenden Elemente aus dem Körper des armen Mannes herauszuziehen. Ich musste den Raum kurz vor dem Ziel verlassen, damit diese Elemente sich nicht in meinem Körper einquartierten. Ich bin dafür fast fünfhundert Kilometer gefahren. Und angeblich ist es ihm kurz nach dieser „Behandlung" schon viel besser gegangen.

Doch einige Zeit später erfuhr ich, dass er völlig durchgedreht war. Er konnte das Haus nicht mehr verlassen, weil er in dem gegenüberliegenden Gesträuch Feinde mit Maschinengewehren sah, die es auf ihn abgesehen hatten. Ich habe ihn dann ganz aus den Augen verloren, weil er auch mich als Feindin ansah und furchtbare Angst vor mir hatte, als ich ihm einmal in einem Hausgang gegenüberstand.

Zeitweise entzog ich mich der realen Welt und ließ mich immer mehr in die geheimnisvollen Netze der Parapsychologie einfangen. Ich glaubte, mit meinen Gedanken andere beeinflussen zu können. Über die Astrologie rutschte ich in Richtung schwarze Magie. Dann lernte ich eine Hexe kennen. Sie war Meisterin der weißen Magie.

Mit dem Meister der schwarzen Magie bekam ich Kontakt durch einen Besuch, den er von Hamburg aus, also ungefähr 500 Kilometer von uns entfernt, innerhalb von Sekunden, in unserem Büro absolvierte. Er hatte, wie er mir sagte, eine Astralreise gemacht. Von uns unbemerkt, konnte er uns genau unsere Kleidung beschreiben.

Dieser Mann bot mir an, mir ein Horoskop zu erstellen, das völlig anders sei, als das, was ich bis jetzt kennengelernt hatte. Ich solle ihm nur die Daten meiner tief greifendsten Erlebnisse nennen. Ich ließ mich darauf ein und hatte danach größte Schwierigkeiten, ihn wieder loszuwerden. Das gelang mir nur mithilfe der oben erwähnten Hexe.

Was mir gerade beim Schreiben so auffällt, ist, dass ich damals zwar an vielen gefährlichen Stellen gesucht habe, aber dennoch immer nur an der Oberfläche geblieben bin. Nie habe ich mich ganz verloren in diesen Zeiten.

Irgendwie haben mich die kurzfristigen Ergebnisse begeistert, aber die Begeisterung ließ auch schnell wieder nach.

Das zog sich wie ein roter Faden durch mein Leben, dieses Suchen, nicht finden, weiter suchen, wieder nicht finden und immer, immer wieder. Dabei hätte ich damals auch nicht sagen können, was ich eigentlich gesucht habe.

Es war so ein latentes Unbefriedigtsein von diesem Leben. Ich denke, ich habe gespürt – mein Leben lang – dass ich etwas noch nicht gefunden hatte. Etwas, was ich aber unbedingt haben wollte. Etwas, ohne das ich glaubte, nicht leben zu können.

Kannst dir selbst nicht helfen und willst anderen helfen?

Aus meiner Sicht war ich eigentlich ein guter Mensch. Ich half, wo ich konnte, ich war da, wenn man nach mir rief.

Ich war ziemlich ehrlich, aus der Sicht mancher Menschen schon fast zu ehrlich. Ungerechtigkeit war mir zuwider und ich kämpfte so manches Mal für Schwächere und Unterdrückte.

Damit machte ich mir keine Freunde, vor allem litt mein Ansehen in der Firma unter meinen Hilfestellungen für Kollegen, die zu schwach waren, sich zur Wehr zu setzen. Unsere Innendienstleiterin und durch sie auch mein Chef, begannen, mich zu drangsalieren, mir Dinge zu unterstellen, die nicht von mir stammten. Fehler wurden mir vorgehalten, die ich nicht zu verantworten hatte.

Das Schlimmste war, dass meine Vorgesetzte meine private Situation (mein Mann war ausgezogen, um meine Kinder hatte ich große Sorgen, ich war psychisch stark angeschlagen) ausnutzte, um mich mit geheucheltem Interesse und gespielter Hilfsbereitschaft so weit zu bringen, ihr von meinen Nöten zu erzählen. Dies wurde mir zum Verhängnis; denn nun wurden diese Dinge auch noch gegen mich verwendet. Das führte dazu, dass ich im Büro einen Nervenzusammenbruch erlitt und lange Zeit von einer psychotherapeutischen Behandlung zur nächsten lief, Kuraufenthalte folgten und es fiel mir schwer, ins Büro zurückzugehen.

Aber gerade diese schwierige Zeit, in der ich schwach und hoffnungslos war, machte mir deutlich, dass ich mir nicht selber helfen konnte und auch andere Menschen mir nicht wirklich eine Stütze waren.

Doch immerhin lebte ich noch! Oft schlief ich schlecht auf meinem durchheulten Kissen ein. Albträume raubten mir den eigentlich nötigen Schlaf. Es waren immer und immer wieder diese Träume, in denen ich verfolgt wurde, im Nebel herumirrte und das schwere Atmen eines Mannes hörte, das mir immer näher kam, oder ich rannte um mein Leben, wieder Männer hinter mir her, vor denen ich eine irrsinnige Angst hatte, dann stand ich plötzlich an einer Klippe, tief unten die Wellen, die an den Felsen schlugen, und ich erstarrte vor Angst. Wenn ich dann nicht mehr weiter wusste, wurde ich immer wach, schweißnass.

Ich wollte mich abends gar nicht mehr ins Bett legen, weil ich Angst vor den Träumen hatte. Aber ich musste doch schlafen.

Jetzt wird es doch noch gut!?

Von meiner Arbeit konnte ich gut leben.

Das kleine Dorf, in dem mein Holzhaus stand, nahm mich zunächst einmal nicht gastfreundlich auf. Doch nach ein paar Jahren änderte sich das, vor allem wohl auch, weil ich durch meinen Hund immer mehr Leute kennenlernte. Und weil ich mich öffnete, fiel es ihnen auch nicht schwer, mir gegenüber immer offener zu werden.

Ich wohnte sechszehn Jahre in diesem Ort, beherbergte einige Menschen, manchmal monatelang bei mir. Dieses Haus hatte für Notleidende immer eine offene Tür.

Später benutzte Gott diese offene Tür, um Hauskreise, Kinder- und Jugendgruppen dort zu versammeln. Dort gaben wir Ihm die Ehre und Seinem Sohn, Jesus Christus, der jeden von uns irgendwo und irgendwie auf ganz individuelle Weise an Sein Herz gezogen hat. Wir haben Ihm dafür so oft und voller Freude und Jubel gedankt. Ohne Seine Liebe wären wir alle verloren gegangen, das wussten wir. Und wir erlebten Sein Eingreifen fast täglich in unserem Leben, und wir tauschten uns darüber aus, und jeder freute sich mit dem anderen. Es war eine Wärme, eine Nähe zwischen uns. Wir fühlten uns geborgen in Seiner Gegenwart.

Ende – oder der Anfang?

Die Fahrt auf der Achterbahn meines Lebens war noch nicht zu Ende. Beruflich hatte sich auch Entscheidendes geändert. Unsere Direktion wurde geschlossen. Wir wurden Opfer einer Zentralisierungswelle, die zu der Zeit gerade durch Deutschlands Versicherungsgesellschaften schwappte.

Ich machte mich selbstständig und war damit auch viele Jahre zufrieden.

Doch dann kam eine Phase, in der ich meine Kinder vermisste, meinen Freund, mit dem ich sechzehn Jahre gelebt hatte, hatte ich gebeten zu gehen. Er war Spieler, und ich merkte es, als es schon fast zu spät war.

Durch meine Erkrankung, ich hatte starke Depressionen, war all meine Motivation und meine Freude an der Arbeit verschwunden. So brach das Geschäft ein, und ich hatte keinen Lebenswillen mehr. Ich stand vor meinem Riesenscherbenhaufen und war mir plötzlich ganz bewusst, dass mich niemand vermissen würde, wenn ich nicht mehr da wäre.

Der Tag kam dann auch bald, an dem die Schlaftabletten, die ich mir inzwischen immer mal wieder verschreiben ließ, auf meinem Wohnzimmertisch lagen. Dann warf ich mich auf den Teppich und rief: „Gott, wenn es dich wirklich gibt, dann muss ich das jetzt wissen!"

Und dann war diese Stimme da: „Steh auf, so liegst du nie mehr vor mir!" Gehorsam stand ich auf. Ich wusste, Jesus hat eben mit mir gesprochen. Es war Seine Stimme, die ich noch immer im Ohr hatte von damals, als Er mich auf Seinen Schultern auf die Kirmes getragen hat.

Ich war absolut sicher, dass ich nie mehr allein sein werde. Jetzt habe ich Jesus, mit dem ich reden kann, der mir helfen wird und mich nie verlässt.

Die Tabletten warf ich in die Toilette, ich war so glücklich, ich hatte eine Hand, an der ich mich festhalten konnte. Mir konnte nichts mehr passieren. Ich habe gelacht und geweint, gleichzeitig. Meinen Jubel kann ich nicht beschreiben. Wer dies liest, kann es selbst erleben!

Als Versicherungsmaklerin musste ich mich natürlich auch über Kapitalanlagen informieren. Und so war ich eingeladen zu einem Seminar, das in der Nähe von Frankfurt stattfand. Als der erste Part vorbei war und wir in der Pause hinausgingen, steuerte ich auf einen Tisch zu, auf dem sich Prospekte über die eben angesprochenen Kapitalanlagen befanden.

Dazwischen lag ein schmales Büchlein, das so ganz anders war. Auf dem Cover war eine Statue abgebildet, die einen Menschen darstellte. Sein Kopf war aus Gold, die Brust, die Lenden, die Beine und die Füße jeweils aus einem andersfarbigen Material.

Der Titel lautete: *Die Prophetie Daniels*

Der Seminarleiter trat zu mir und fragte: „Haben Sie Interesse daran?“

Ich sagte: „Das passt doch gar nicht hierher!“

„Ja, das stimmt. Wir hatten gestern Abend Hauskreis. Da muss das Heft wohl jemand liegengelassen haben. Wollen Sie es mitnehmen?“

„Ja, gern. Wovon handelt es?“

„Lesen Sie doch einfach selbst. Und wenn Sie mehr über dieses Thema erfahren wollen, dann lesen Sie in der Bibel. Da steht noch viel mehr drin."

Das zweite Mal ein Hinweis auf die Bibel.

Ich wusste auch mit dem Begriff „Hauskreis" nichts anzufangen. Ich fragte ihn, ob ich einmal zu so einem Hauskreis kommen dürfte. Er erwiderte, dass es doch eine zu große Entfernung sei. Ich solle doch in der Umgebung meines Wohnortes nach einer Gemeinde suchen. Dort würde dann auch sicher einen Hauskreis angeboten werden.

Zu Hause angekommen forschte ich in den „Gelben Seiten" nach Gemeinden. Er hatte mir ausdrücklich gesagt, ich solle nach einer Gemeinde suchen, die nicht katholisch und auch nicht evangelisch sei. Ich hab keine gefunden.

Ein Kollege, mit dem ich mir das Büro teilte, hatte mal irgendwas von einer christlichen Jugendgruppe erzählt, in der er mal vor langer Zeit gewesen war. Ihn fragte ich, und er konnte mir einen Namen und eine Telefonnummer geben, an die ich mich wenden sollte. Das tat ich.

Angekommen oder Zwischenstation?

Am nächsten Sonntag war ich, schick in meinem neuen Kostüm und Stöckelschuhen, pünktlich an diesem Gemeindehaus. Es sah aus, wie eine Fabrikhalle, nicht wie eine Kirche.

Als ich eintrat, wurde ich von einer Abordnung freundlich begrüßt. Ich stellte mich vor und gleichzeitig fest, dass ich vollkommen „overdressed" war. Die anderen liefen in Jeans und T-Shirt und weil es heiß war, teilweise barfuß herum.

Ich setzte mich in die letzte Stuhlreihe und harrte der Dinge, die da kommen würden. Zuerst spielte eine Rockband flotte Kirchenmusik. Lieder, die ich nicht kannte.

Darauf folgte die Predigt, gehalten von einer gepflegten älteren Dame. Sie las eine Bibelstelle vor, und ich hörte wie versteinert zu. Das waren Worte, die ganz persönlich für mich waren.

Es war *Hesekiel 16, 4–6*: „Deine Geburt ist also gewesen: Dein Nabel, da du geboren wurdest, ist nicht verschnitten; so hat man dich auch nicht in Wasser gebadet, dass du sauber würdest, noch mit Salz abgerieben noch in Windeln gewickelt. Denn niemand jammerte dein, dass er sich über dich hätte erbarmt und der Stücke eins dir erzeigt, sondern du wurdest aufs Feld geworfen. Also verachtet war deine Seele, da du geboren warst. Ich aber ging vor dir vorüber und sah dich in deinem Blut liegen und sprach zu dir, da du so in deinem Blut lagst: Du sollst leben!"

Ich lief hinaus. Sie sollten meine Tränen nicht sehen. Dieses Erlebnis wollte ich mit niemandem teilen. Es war eine

Sache zwischen Gott und mir, ganz allein. „Du sollst leben!" Zum zweiten Mal sagte es der HERR zu mir!

Am nächsten Sonntag war ich wieder pünktlich an Ort und Stelle. Da bat man mich, in die vorderste Reihe zu kommen. Dann eröffnete mir jemand, dass in der nächsten Woche kein Gottesdienst sei, weil Taufe in einem größeren Ort stattfände. Ich dachte: Ich guck mir das mal an.

Acht Täuflinge, alles erwachsene Menschen, waren inzwischen nach und nach in das Wasserbecken gestiegen. Sie wurden gefragt, weshalb sie getauft werden möchten, und wurden dann komplett untergetaucht. Jetzt kam noch einer den Gang entlang. Auch er wollte sich taufen lassen.

Da fing plötzlich mein Herz an zu rasen, und ich wusste, ich will auch in das Wasser. Meine Gedanken überschlugen sich: Ich hab keine anderen Sachen mit, als die, die ich anhabe. Ich hab auch nichts in Weiß. Alle hatten weiße Hosen und Hemden an.

Da stieß mich eine junge Frau aus unserer Gemeinde an und fragte mich: „Willst du auch getauft werden?"

„Ja, aber ich hab ja nichts anzuziehen!"

„Ich kann dir Kleidung von mir leihen. Wir fahren von hier gleich in Urlaub und der Koffer ist voll. Komm schnell mit." Wir liefen hinaus. Erst als ich den Rock anzog, stellte ich fest, dass er doch um mindestens 5 Kleidergrößen zu groß war. Er rutschte mir ständig auf die Füße. Nun musste uns ihr Mann noch mit seinem Gürtel aushelfen. Das T-Shirt sah an mir aus wie ein Minikleid. Mir war's egal.

In dem Moment hörte ich den Pastor sagen: „Ich habe in meinem Traum zehn Täuflinge gesehen." Da lief ich auch schon in Richtung Taufbecken. Als ich untergetaucht wurde, wäre ich am liebsten dortgeblieben. Mir war, als läge ich in den Armen meines Retters, meines Jesus.

Ich war so überaus glücklich, dass ich jetzt der sichtbaren und der unsichtbaren Welt bezeugt hatte, ich gehöre zu Jesus Christus, Er ist mein Herr, und niemand anderer hat mehr ein Recht an mir.

Ich umarmte stürmisch alle, denen ich auf meinem Rückweg zu meinem Platz begegnete. Es war das gleiche Glücksgefühl, das ich hatte, als Jesus mich in meinem Haus gerettet hat.

In der Gemeinde suchte ich – das ist mir jetzt, nach fünf Jahren, klar geworden, Familie und Mutter. Mein Defizit war so groß, dass ich einen Familien- und einen Mutterbonus vergab.

Vieles ließ ich aus diesen Gründen unbeachtet oder unkommentiert, weil ich ja meinen Tank mit Familien- und Mutterliebe auffüllen musste.

Es ging zwar in der Gemeinde immer um Jesus und Gott und vor allem um den Heiligen Geist, aber für mich persönlich waren wohl (so im Nachhinein betrachtet) die warmen Gefühle, die ich dort spürte, die Geborgenheit, dieselbe „Sprache", das Sich-zu-Hause-Fühlen vordergründig. Damit ich diese wunderbaren Zuwendungen nicht verlor, war ich zu vielen Anstrengungen und Zugeständnissen bereit. Zudem war ja auch das von Jesus Geliebtwerden so überwältigend für mich.

Ich schwebte plötzlich durch diese Welt. Alles was ich in meinem bisherigen Leben vermisst hatte, war auf einmal in so unbeschreibbar großer Menge vorhanden, dass ich gar nicht wusste, welches Geschenk ich zuerst annehmen sollte.

Ich lief durch die Straßen, war über Jahre jeden Freitagabend am Bahnhof, um meine frohe Botschaft weiter zu geben. Ich war so glücklich. Ich wollte, dass alle Menschen auch glücklich werden. Es war eine gute Zeit. Ich hörte damit auf, als meine junge Begleiterin und Schwester nach Frankfurt zog und niemand bereit war, mit mir zu gehen.

Fünf Jahre fuhr ich jeden Samstag zu einem vielleicht 40 Kilometer entfernten Altersheim. Dort erzählte ich den alten Leuten von Jesus, unserem Retter. Und die Menschen fingen wieder an zu lachen. Ich half ihnen, dass sie sich wieder miteinander unterhielten. Das geht in einem solchen Heim einfach verloren. Doch da war es wieder, dieses Kindsein-Dürfen.

Als einer meiner treuesten Gäste bei diesen „Gott-lob-und-dank-Gottesdiensten“ krank wurde, besuchte ich ihn, und er sagte mir: „Ich werde nicht mehr zu euch kommen, aber ich werde auf dich warten, Schwester, und wir werden tanzen auf goldenen Straßen!“ Ich habe seine Hand gehalten und vor Rührung geweint. Ich war glücklich, dass er für das Himmelreich gewonnen war und dankte dem HERRN. Diesen Mann sah ich wirklich nicht wieder. Er starb zwei Tage nach unserem Gespräch. Aber ich bin sicher, wir werden wirklich miteinander tanzen auf den goldenen Straßen des Himmels.

Mit der Zeit wurde mir der Weg zu anstrengend und Tod oder Krankheit dezimierte unsere kleine Gemeinde.

Ich freue mich sehr darüber, dass ich diese Zeit erleben, diese Menschen kennenlernen und viel Liebe geben konnte und noch mehr Liebe zurückbekam.

In der Gemeinde lernte ich meinen wunderbaren Mann kennen. Er war einfach irgendwann einmal da, mit seiner Freundin. Ich nahm ihn nicht wahr, er wurde durch die Präsenz seiner Begleiterin fast unsichtbar.

Doch eines Tages kam er allein. Er spielte sehr gut Gitarre und wurde in das Lobpreisteam aufgenommen. Jetzt konnte ich ihn nicht mehr übersehen. Dann fingen wir an, uns für sonntagnachmittags zu verabreden. Beide waren wir alleinstehend. Ich hatte einen Hund und musste sowieso spazieren gehen. So ging er mit.

Er war mir sehr angenehm. Aber ich wäre niemals auf die Idee gekommen, er könnte einmal mein Ehemann werden.

Da hat Gott, unser Vater im Himmel, einige Leute eingespannt, die ihm und mir erzählten, wie wunderbar wir doch zusammenpassten.

Mein Verstand sagte mir: Nein, es spricht viel zu viel gegen eine endgültige Verbindung mit ihm. Und es war mir klar, wenn wir wirklich eine Beziehung miteinander eingehen würden, dann müssten wir heiraten und es wäre für immer.

Das konnte ich mir beim besten Willen nicht vorstellen.

Wie mein himmlischer Vater es hinbekommen hat, mein Denken auszuschalten, weiß ich nicht. Irgendwann hörte ich einfach auf zu grübeln, zu überlegen, infrage zu stellen. Ich gab mich willenlos hin. Und so liefen wir aufeinander zu. Wir planten nichts. Es wurde geplant. Wir bestimmten den Tag der Hochzeit nicht, ich wählte mein Kleid nicht aus, ich sagte nichts zu der Dekoration im Saal. Und meinem mir von Gott zugedachten Mann ging es genauso.

Wenn wir uns heute darüber unterhalten, wie das damals alles vonstattenging, können wir noch immer nur den Kopf schütteln. Wir hatten keine Mühe, wir strengten uns nicht an. Die Vorbereitungen bekamen wir gar nicht im Einzelnen mit. Mein Leben war zu dieser Zeit einem Traum gleich.

Dann kam der Hochzeitstag. Ich war so glücklich, so voller Freude, ich fand meinen Mann schön, ich fand mich schön. Ich nahm Geschenk um Geschenk. Es kamen Menschen, die ich nicht erwartet hatte. Uns wurden Ständchen gebracht. Jeder versuchte in seiner individuellen Art und mit seinen ganz eigenen Stärken uns zu umarmen. Ich fühlte mich unendlich geliebt und geehrt.

Die Bilder dieses Tages zeigen mich nur strahlend. Es war einer der schönsten Tage meines Lebens.

Dann holte uns doch irgendwann der Alltag ein. Und ich spürte, dass ich meinen Mann nicht liebte. Er war mir angenehm, ich freute mich, wenn er da war – aber das Wichtigste fehlte.

Als mir das klar wurde, machte mich das unglaublich traurig. Ein Jahr lang betete ich jeden Tag zu Gott, er möge mir doch die Liebe zu meinem Mann ins Herz geben. „Du hast uns doch zusammengebracht. Es war nicht unsere Idee. Wir hätten einander nie geheiratet, wenn du uns nicht dazu gebracht hättest! Und jetzt? Ohne Liebe kann ich nicht bei ihm bleiben. Aber ich kann auch nicht weggehen. Hilf mir, hilf uns!“

Als das Jahr vorbei war, sah ich eines Abends aus dem Fenster, als mein Mann von der Arbeit heimkam. Er stieg aus dem Auto, ging über den Hof in seine Werkstatt. Und wie ich ihn da so gehen sah, sprang plötzlich die Knospe der Liebe zu ihm in meinem Herzen auf. Ich sah ihn bewundernd über den Hof gehen – mein Mann, mein wunderbarer Mann.

Meine Freude war vollkommen. Mein großer Wunsch war in Erfüllung gegangen. Ich sehnte mich nach ihm und lief ihm entgegen, als er zum Haus kam. Ich fiel ihm um den Hals und er nahm mich in die Arme. Er spürte auch das Wunder, das eben geschehen war.

Eines ist sicher – egal wie der Mensch Ereignisse beurteilt, Gottes Denken ist ein anderes. Er plant das Leben jedes Menschen, und Er ist der Initiator. Wenn wir kapieren, dass Er nur das Beste für uns im Sinn hat, werden wir keine Sorgen, keine Ängste, keine Albträume mehr haben. Unser Vater im Himmel ist unser gute Hirte, der uns an Seiner Hand sicher durch alle Schwierigkeiten führt, wenn wir Ihm unsere Hand nicht entziehen.

Mit der Umarmung durch Jesus begann sich mein Leben von Grund auf zu ändern. Mir fiel auf, dass viele Menschen, die ich traf und denen ich von Jesus und unserem Vater im Himmel erzählte, von Gott ein Bild hatten, das ich nicht teilen konnte. Ich machte mir viele Gedanken darüber, las die Bibel mehrmals durch und stellte fest: „Was geschehen ist, wird wieder geschehen, was man getan hat, wird man wieder tun: Es gibt nichts Neues unter der Sonne." (*Prediger 1, 9*)

Gott wurde schon immer als nicht existent erklärt oder klein und unbedeutend gemacht. Ich konnte das gut nachvollziehen für die Zeit, als die Menschen das Wort Gottes in gedruckter Form noch nicht vorliegen hatten. Aber heute kann sich doch jeder damit befassen und erkennen, dass unser Gott keine Illusion sondern sehr real ist.

Religion ist Opium fürs Volk – möglich

Der Glaube an Jesus Christus ist das Gegenteil

Gott ist nicht ein Etwas – Gott ist der Allmächtige, der Lebendige, der Gerechte.

Alles entsteht durch Eines. Von frühen Philosophen erhielt er die Bezeichnung „NOUS". Nach ihrer Meinung ist es das „Alles". Es ist Energie, Geist, unendliche Weisheit. Und es ist „der reinste und feinste aller Stoffe".

Warum sagen wir nicht ganz einfach Gott zu ihm. Warum bekommt Er einen anderen, einen künstlichen Namen? Er ist der Schöpfer. Durch Ihn entstand alles. Und sicherlich hinterließ Er in allem Seinen unnachahmlichen Fingerabdruck.

Er selbst hat sich den Menschen vorgestellt. Als Mose an dem brennenden Dornstrauch stand, fragte er: „Was soll ich dem Volk sagen, wie dein Name ist?"

„Gott sprach zu Mose: Ich werde sein, der ich sein werde. Und sprach: So sollst du zu den Israeliten sagen: »Ich werde sein«, der hat mich zu euch gesandt. Und Gott sprach weiter zu Mose: So sollst du zu den Israeliten sagen: Der HERR, der Gott eurer Väter, der Gott Abrahams, der Gott Isaaks, der Gott Jakobs, hat mich zu euch gesandt. Das ist mein Name auf ewig, mit dem man mich anrufen soll von Geschlecht zu Geschlecht" (*2. Mose, 3, 14 + 15*).

Es gibt Bibelübersetzer, die anstelle der Worte: „Ich werde sein, der ich sein werde", die Worte: „Ich werde da sein, der ich immer da sein werde", oder: „Ich bin der Dabei seiende" setzen. Damit sichert Gott Seinem Volk Seine ständige Gegenwart zu. Er verspricht, sie in keiner Situation allein zu lassen.

Genauso hatte ich es erlebt. Bevor ich in meiner Verzweiflung und Aussichtslosigkeit nach Ihm gerufen hatte, war Er da. Ich kann inzwischen viele Situationen erkennen, in denen Er, ohne von mir bemerkt, eingegriffen hat. Und nachdem ich begann, Ihn kennenzulernen, sehe ich täglich Seine Hand in meinem Leben. Wenn ich Trost brauche, schickt Er mir ein Liebeslied, von einem kleinen Vöglein gesungen, vorbei. Eine Blume nickt mir Sein: „Ich hab dich immer geliebt" zu. Ich sehe eine Wolkenformation in Form eines Herzens und weiß, Er macht mir wieder eine Liebeserklärung. Wenn ich mich allein fühle und mich nach einem Gesprächspartner sehne, ruft jemand an. Sicher werden mir manche Menschen entgegenhalten, dass das alles nur Zufälle sind. So viele? Es ist mein Vater, dessen ständige Gegenwart mich mutig, hoffnungsfroh und vor allem lebendig macht.

Die Klugheit der Welt wird zur Torheit gemacht

Warum geben sich so viele Menschen alle erdenkliche Mühe, Gott wegzuinterpretieren, Gott wegzubeweisen. Was sind das für armselige Beweise?

Was soll die Evolution, die bis heute eine Theorie ist. Theorie heißt – unbewiesene Behauptung. Warum klammern wir uns daran? Warum müssen unsere Kinder, warum müssen wir alle seit langer Zeit daran glauben, dass wir aus einer „Ursuppe" stammen, der Zellgeburtspampe?

Woraus ist diese Suppe gemacht? Wir wissen doch – und das sagt uns nicht nur unser gesunder Menschenverstand, das sagen uns auch die Gelehrten: Nichts kann aus nichts entstehen. Warum müssen wir etwas verinnerlichen, als sei es eine bewiesene Tatsache, obwohl doch Gegenteiliges (nichts kommt aus nichts) schon bewiesen ist?

Wieso müssen wir uns mit einem „Urknall" auseinandersetzen?

Ich schrieb vor vielen Jahren für einen Wissenschaftler dessen Manuskript ab. Der Titel war nach meiner Erinnerung: Vom Urknall zum Urahn. Je länger ich an diesem Text arbeitete, desto mehr interessierte mich diese Materie. Ich fragte ihn: „Woher kann ein Urknall kommen? Was knallt da?" Diese Frage beschäftigte mich sehr. Er konnte mir keine schlüssige Antwort geben. Mich beschäftigen unbeantwortete Fragen. Bis zum heutigen Tag ist mir die Wissenschaft die Antwort schuldig geblieben.

Die meisten Menschen setzen sich damit nicht oder nicht mehr auseinander. Das ist viel zu anstrengend. Und ja, es stimmt, es muss uns unbedingt überfordern, diesen Ursprungsunsinn verstehen zu wollen. Wie intellektuell und mit wissenschaftlich verkleideten „Argumenten" wird es uns immer wieder, wie ein Mantra, eingehämmert, dass wir einfach nur arme, ein klein bisschen weiterentwickelte Affen sind. Leider funktioniert diese „Gehirnwäsche" auf Dauer.

Wenn wir nichts Besonderes, sondern nur hoch entwickelte Tiere sind, können wir uns gegenseitig erschlagen, quälen, benutzen, betrügen, ohne irgendwelche Gewissensbisse.

Nach dieser Theorie sind wir nicht ein aus des Schöpfergottes Hand liebevoll geformter, mit Seinem Odem beseelter Mensch, der von Ihm eingesetzt wurde, die Erde, damit auch die Tiere, die Pflanzen und alles von Gott erschaffene Vorhandene zu bewahren, nicht es zu verbrauchen.

Überzeugt davon, dass der Mensch aus einer Zellsuppe zufällig ein irgendwie Gewordener ist, hindert uns nichts daran, ihn an die Seite zu schaffen, wenn wir ihn nicht mehr benötigen. Nichts lässt uns davor zurückschrecken, uns seiner zu bedienen, solange er uns nützlich sein kann.

Wir dürfen einander belügen und betrügen, einander unsere List beweisen.

Jean-Claude Juncker (Präsident der Europäischen Union) sagte auf einer Abendveranstaltung zur Euro-Krise in Brüssel im April 2011: „Wenn es ernst wird, muss man lügen."

Und von demselben Mann stammen diese Worte: „Wir beschließen etwas, stellen das dann in den Raum und warten einige Zeit ab, was passiert. Wenn es dann kein großes Geschrei gibt und keine Aufstände, weil die meisten gar nicht begreifen, was da beschlossen wurde, dann machen wir weiter – Schritt für Schritt, bis es kein Zurück mehr gibt" (Die Brüsseler Republik, *Der Spiegel*, 27. Dezember 1999).

Die „Evolutionstheorie“ besagt, dass sich stets das Stärkere und/oder Anpassungsfähigere durchsetzt. Durch unsere hinterhältige Trickserei stellen wir uns auf die Gewinnerseite und machen dadurch die anderen zu Verlierern – denn gewinnen kann man nur, wenn gleichzeitig andere verlieren – und gehören damit zur Elite, zu den von uns Auserwählten, eben zu den Durchsetzungsfähigen.

Es gibt eine kleine Geschichte, die ich irgendwo einmal gehört habe. Ein koreanisches Kind kam mit seinen Eltern vor vielen Jahren nach Deutschland. Als es mit den Klassenkameraden spielen wollte, stellte es fest, dass wir komische Spiele haben. Dieses Kind sagte: „Ihr habt keine schönen Spiele. Bei euch muss ja immer einer verlieren, damit der andere gewinnen kann.“

Ja, so sind wir in der heutigen westlichen, man sagt zivilisierten Welt. Wir sind selbst unser Nächster.

Da können wir niemanden gebrauchen, der uns erzählt, dass wir die andere Wange auch noch hinhalten sollen, wenn wir auf die eine geschlagen wurden.

Was sollen wir mit jemandem anfangen, der von uns erwartet, unsere Feinde zu lieben? Das kann doch überhaupt nicht funktionieren. Ich muss doch dafür sorgen, dass möglichst keine Feinde übrig bleiben, die mir schaden könnten.

Was sollen wir bitte schön mit einem anfangen, der erzählt, er sei Gottes Sohn und dann hängt er da am Kreuz. Wo ist sein Sieg? Wo ist seine angebliche Göttlichkeit? Ein Spinner, ein Aufschneider und im schlimmeren Fall jemand, der mir ein schlechtes Gewissen machen will.

Der Glaube an Gott und Seinen Sohn Jesus ist aus der Welt fast ausgerottet. Wer ist schon so naiv, sich mit einem solchen Kinderglauben zu beschäftigen? „Selbst ist der Mann“ und „Glauben heißt: nicht wissen“ und „Hilf dir selbst, dann hilft dir Gott“ und wie die klugen Sprüche der Welt so alle lauten. Diese Sprüche bestimmen unser Denken und unser Selbstverständnis.

Aber Gottes Wort spricht unmissverständlich zu uns: „Denn das Wort vom Kreuz ist eine Torheit denen, die verloren werden; uns aber, die wir selig werden, ist's eine Gotteskraft. Denn es steht geschrieben: ‚Ich will zunichtemachen die Weisheit der Weisen, und den Verstand der Verständigen will ich verwerfen‘“ (*1. Korinther 1, 18 + 19, Jesaja 29, 14*).

Was ist gut – was ist böse?

Ich bin ein Humanist, ein Mensch, dem andere nicht egal sind. Ich helfe, wo ich kann. Ich spende, ich bringe meine alten Kleider zur Kleidersammelstelle, damit die Armen etwas anzuziehen haben. Ich werfe dem Bettler an der Straße ab und zu, wenn ich gerade Kleingeld habe, etwas in seinen Karton – in die dreckige Hand lege ich es lieber nicht, man weiß ja nicht, was man sich da holen kann. Ich tue, was ich kann. Aber man muss da schon aufpassen, denn bei vielen Bettlern steht ja nicht weit entfernt der dicke Mercedes. Da sitzen die drin, die dann abkassieren. Man würde also eigentlich Kriminalität unterstützen.

Da muss mir keiner was von Nächstenliebe erzählen. Ich tue schon, was ich kann.

Warum sollte der da am Kreuz für meine Sünden gestorben sein? Ich hab nichts Schlimmes getan. Ich hab keinen umgebracht, ich hab keinen so richtig geschädigt. Ich war eigentlich auch nicht ungerecht – nein, ganz im Gegenteil, ich hab mich immer für Gerechtigkeit eingesetzt. Ich habe an Friedensdemos teilgenommen. Hab da gestanden mit meiner Kerze und das runtertropfende Wachs hat meine Hand verbrannt. Ich war halt auch so blöd, dass ich mir keinen Pappring um die Kerze gebastelt habe. Es war ganz schön kalt, und ich bin trotzdem bis zum Schluss geblieben.

Da fällt mir noch ein, ich habe mal zu Weihnachten Süßigkeiten gekauft und sie, zusammen mit meiner Freundin in ein Obdachlosenheim gebracht.

Also ich habe schon getan, was ich konnte. Ein richtig schlechter Mensch bin ich nicht gewesen, also das ist sicher.

Warum soll der dann für meine Sünden gestorben sein? Brauchte er doch gar nicht – und außerdem habe ich damals ja noch gar nicht gelebt. Also …

Ja, viele denken so. So habe ich auch gedacht. Durch mein ganzes Leben zog sich diese Überzeugung. Es war mir ein großes Bedürfnis, gut zu sein. Mein Streben nach Gerechtigkeit war enorm groß. Ich hasste Lügen und griff nur ganz selten dazu.

Aber inzwischen gab es das einschneidende Erlebnis in meinem Leben, das mich dazu brachte, neue Gedanken zu denken. Ich begann zu hinterfragen, was ich vorher kritiklos von der Gesellschaft übernahm.

Warum ist es mir eigentlich so wichtig, ein guter Mensch zu sein? Was treibt mich denn dazu? Was ist gut, was ist böse? Bestimme ich die Spielregeln – aber wenn, wozu? Gibt es doch jemand, der mit mir spielt? Vielleicht sogar nach seinen Regeln?

Nein – jeder für sich! Ich muss mein Leben planen, in den Griff bekommen. Ich bin verantwortlich für meinen Weg. Niemand hat das Recht, mir vorzuschreiben, wie ich zu leben habe. Jeder soll doch nach seiner Facon selig werden.

Wie oft mache ich meine von mir so empfundene Gerechtigkeit zum Kriterium, an dem ich die Menschheit messe! Gibt es auch andere Wahrheiten?

Doch wieder zurück zu der Frage – warum will ich gut sein? Habe ich daraus einen Vorteil?

Was treibt mich, z. B. bei Friedensdemos teilzunehmen oder bei Pegida? Bestehen Unterschiede zwischen den beiden? Schaue ich genau hin, möchten beide etwas Gutes bewirken. Ist der Weg nur ein anderer? Was bringt mich dazu, mich der einen oder anderen oder keiner Gruppe anzuschließen? Was ist mir wichtig? Wollen nicht beide etwas verbessern? Ich gehe davon aus, dass keine von beiden das Böse will.

Was ist denn eigentlich gut und was ist böse?

Schon auf den ersten Seiten der Bibel wird diese Frage nicht gestellt, sondern ausschließlich auf das Gefühl gehört. Was mir guttut, muss gut sein. Was mir nicht guttut, muss das Böse sein. Ist das so?

1. Mose 3, 1–5: „Aber die Schlange war listiger als alle Tiere auf dem Felde, die Gott der HERR gemacht hatte, und sprach zu der Frau: Ja, sollte Gott gesagt haben: Ihr sollt nicht essen von allen Bäumen im Garten?

Da sprach die Frau zu der Schlange: Wir essen von den Früchten der Bäume im Garten; aber von den Früchten des Baumes mitten im Garten hat Gott gesagt: Esset nicht davon, rühret sie auch nicht an, dass ihr nicht sterbet! Da sprach die Schlange zur Frau: Ihr werdet keineswegs des Todes sterben, sondern Gott weiß: An dem Tage, da ihr davon esst, werden eure Augen aufgetan, und ihr werdet sein wie Gott und wissen, was gut und böse ist. Und die Frau sah, dass von dem Baum gut zu essen wäre und dass er eine Lust für die Augen wäre und verlockend, weil er klug machte."

Was bringt uns dazu, ständig diesen Vergleich anzustellen: Ist das gut oder böse? Unsere Urteile über unsere Mitmenschen sind doch Beweis dieser unaufhörlichen Abwägung. Aber warum wägen wir ab? Geht es uns wirklich nur um Gerechtigkeit? Und wenn ja, weshalb spielt das eine Rolle?

Bei näherem Hinsehen werden wir feststellen, dass unsere Urteilskraft und unsere Entscheidung, ob etwas gut oder böse ist, oft daneben trifft. Was uns im Moment böse bzw. schlecht erscheint, stellt sich im Nachhinein nicht selten als notwendig für unser Leben heraus. Umgekehrt hat sicher jeder die Erfahrung machen können, dass etwas, das sehr gut aussieht, sich nach einiger Zeit als riesiger Fehler entpuppt.

Der Teufel ist der Vater der Lüge und er lügt von Anfang an. Auch in diesem Punkt hat er Adam und Eva belogen.

Wir werden niemals sein wie Gott, so sehr wir das auch anstreben. Und niemals werden wir Gut und Böse wirklich unterscheiden können, weil niemand von uns mit Sicherheit voraussagen kann, wie sich das eine oder das andere letztendlich auswirken wird.

Dem jungen Studenten Albert Einstein wird folgende Begebenheit zugeschrieben:

Ein Universitätsprofessor fragte sein Seminar: „Hat Gott alles geschaffen?"

Ein Student antwortete „Ja".

Der Professor fuhr fort: „Wenn Gott alles schuf, dann schuf er auch das Böse. Und weil unsere Taten zeigen, wer wir sind, muss Gott böse sein."

Im Seminar wurde es sehr ruhig.

Dann hob ein anderer Student seine Hand und fragte: „Herr Professor, existiert Dunkelheit?"

Der Professor antwortete: „Ja."

Der Student antwortete: „Nein, Dunkelheit existiert nicht. Dunkelheit ist nur die Abwesenheit von Licht. Das Licht können wir studieren, die Dunkelheit nicht. Wir können ein newtonsches Prisma benutzen um weißes Licht in verschiedene Farben zu brechen und die verschiedenen Lichtfrequenzen untersuchen. Aber wir können nicht Dunkelheit messen. Ein einfacher Lichtstrahl kann in eine Welt der Dunkelheit hineinbrechen und sie erhellen. Wie kann man wissen, wie dunkel es irgendwo ist? Indem man das anwesende Licht misst. Dunkelheit ist nur ein Wort, das wir verwenden um einen Zustand zu beschreiben, in dem es kein Licht gibt."

Der junge Mann erhob sich und fragte: „Professor, existiert die Kälte?"

„Was soll das für eine Frage sein? Natürlich existiert sie. Ist Ihnen etwa noch nie kalt gewesen?"

Der Student antwortete: „Wiederum, Herr Professor, die Kälte existiert nicht. Nach den Gesetzen der Physik ist das, was wir als kalt empfinden, in Wirklichkeit Fehlen von Wärme. Jeder Körper oder Gegenstand kann untersucht werden, wenn er Energie hat oder abgibt. Wärme ist, was besagtem Körper Energie verleiht. Der absolute Nullpunkt ist die totale Abwesenheit von Wärme. Alle Körper werden träge, reaktionsunfähig, aber die Kälte gibt es nicht. Wir haben diesen Ausdruck erfunden, um zu beschreiben, wie wir uns ohne Wärme fühlen."

Der junge Mann fragte: „Herr Professor, existiert das Böse?"

Der inzwischen nun doch etwas unsicher gewordene Professor antwortete zögernd: „Ja, sicher."

Darauf belehrte ihn der Student: „Nein, das Böse existiert nicht oder zumindest existiert es nicht aus sich selbst heraus. Es ist einfach die Abwesenheit des Guten. Es ist genau wie Dunkelheit, ein Wort das wir benutzen, um die Abwesenheit von Licht zu beschreiben. Das Böse hat sich nicht selbst erschaffen. Gott hat das Böse nicht erschaffen. Es ist das Ergebnis dessen was geschieht, wenn die Menschen nicht Gottes Liebe in ihrem Herzen haben. Das Böse ist wie die Kälte, die kommt, wenn es keine Wärme gibt oder die Dunkelheit die kommt, wenn kein Licht da ist.“

Die Frage ist noch immer nicht beantwortet: Warum wollen wir gut sein? Was ist gut und was ist böse?

Wenn wir uns an die Evolutionstheorie klammern, wenn wir den Glauben an Gott und Seinen Sohn belächeln, wenn alles dem Zufall zu verdanken ist, könnte es uns doch völlig egal sein. Der Zufall verlangt von uns keine Moral.

Da scheint etwas in uns zu sein, das lauter, als all unsere klugen Theorien und unser Spott, nach Gerechtigkeit ruft. Was ist das?

Ist es unser eingesperrter, verhungernder, fast gestorbener Geist, der jedem von uns Menschenkindern mitgegeben wurde, als wir in unserer Mutter Leib von zarter Gotteshand geformt wurden? Ist er doch noch ein bisschen lebendig, unser Geist? Spürt er, dass es außer Tod auch Leben gibt, Leben in Fülle? Ist da eine Sehnsucht, die sich wünscht, gestillt zu werden?

Der Teufel sagt: „Ihr werdet gewiss nicht sterben.“ Und fast alle haben Todesangst. Warum? Warum stirbt es sich oft so schwer?

Wenn es Gott nicht gibt und Sein Sohn nur ein guter Mensch, vielleicht ein Revolutionär gewesen ist, brauchen wir uns doch vor nichts zu fürchten. Dann steht uns kein Gericht bevor. Niemand, der uns fragen könnte: „Wo warst du, als ich dich gerufen habe? Was hast du getan mit dem, was ich dir anvertraut habe?“

Dann müssen wir uns nicht rechtfertigen. Wir könnten doch einfach darauf los leben.

Aber tatsächlich schlimm wäre, wenn der Geist sich nicht mehr meldete und den Wunsch nach Leben hätte. Wenn da keine Sehnsucht, keine Hoffnung mehr wäre. Wenn wir mit dem Matrixleben zufrieden wären, wenn wir uns irgendwie eingerichtet hätten.

Wenn wir uns begnügen würden mit der Ausflucht: Solange das mit dem Urlaub noch klappt, das Auto fährt, die Nachbarn noch grüßen und wir gesund sind, ist doch alles bestens.

Die meisten Menschen, nehme ich an, bewegen sich in ihrem Hamsterrad und glauben, nur weil sie sich ständig bewegen, lebten sie noch und sind vielleicht schon lange tot.

Wer stellt noch Fragen? Fragen, die unbedingt eine Antwort verlangen. Und nicht irgendeine Phrase, sondern eine, bei der man weiß, jetzt ist meine wichtigste Frage beantwortet. Welches ist die wichtigste Frage? Ist es nicht die Frage nach der Zukunft? Die Frage nach der Zukunft hinter der Zukunft.

Wir müssen die Fähigkeit entwickeln, die richtigen Fragen zu stellen!

Wollen wir gut sein, weil wir befürchten oder ahnen, dass mit dem physischen Tod doch nicht alles vorbei ist?

Eine kleine Anekdote: Zwei Menschen treffen sich. Der eine glaubt, dass er durch Jesus Christus gerettet ist und das ewige Leben hat, der andere ist Atheist. Der Atheist sagt: „Ich glaube nicht, dass es einen Gott gibt." Die Antwort seines Gegenübers ist: „Okay, wenn du recht hast, was habe ich dann zu befürchten, wenn ich sterbe? Aber wie ist es mit dir, wenn ich recht habe?"

Gottes Gegner

Wer war er einst, als er noch den Himmel bewohnte, sich in der Gegenwart Gottes aufhalten durfte? Luzifer, vor dessen heutigem Namen die Menschen sich fürchten. So sehr fürchten, dass sie ihn entweder in das Land der Märchen verweisen oder ihn niedlich und klein machen (Engelchen und Teufelchen). Doch ist er immer noch mächtig, der Herr der Finsternis, der Teufel, der Satan. Weil Adam ihm seine von Gott erteilte Herrschaft über die Erde überlassen hat, darf er hier wüten, und die Spuren seiner Gewalt sind an der Erde, den Menschen, den Tieren und den Pflanzen zu erkennen.

Luzifer war schön und ein sehr machtvoller Cherub. „Der du das Bild der Vollendung warst, voll von Weisheit und vollkommen an Schönheit, du warst in Eden, dem Garten Gottes; allerlei Edelgestein war deine Decke: Sardis, Topas und Diamant, Chrysolith, Onyx und Jaspis, Saphir, Karfunkel und Smaragd und Gold ... An dem Tage, da du geschaffen wurdest, wurden sie bereitet. Du warst ein schirmender gesalbter Cherub, und ich hatte dich dazu gemacht; du warst auf Gottes heiligem Berge, du wandeltest inmitten feuriger Steine. Vollkommen warst du in deinen Wegen von dem Tage an, da du geschaffen worden, bis Unrecht an dir gefunden wurde“ (*Hesekiel 28, 12–15*).

Mir ist ein Gedanke gekommen, wie es zur Auflehnung dieses herrlichen Engels gegen Gott kam.

Er war ein Geschöpf, das von seinem Herrn so wunderschön gemacht worden war. Geschmückt mit vielen Tausend Diamanten, Brillanten und anderen herrlichen Edelsteinen. Wo er ging und stand erregte er Aufsehen. Seine glanzvolle

Erscheinung wurde ihm zum Verhängnis. Er sah, wie er selber funkelte in allen Regenbogenfarben – und dann sah er Gott an, der einfach nur Licht war. Kein glitzerndes Kaleidoskop von brillanten Farben – einfach nur Licht.

Und er dachte bei sich: „Ich bin so viel schöner als er! Ich gehöre angebetet und verehrt. Was ist an ihm schon besonderes im Vergleich zu mir?“ Er hatte nicht bedacht, dass ohne das Licht kein Edelstein mehr funkelt. Seine Hoffart machte ihn blind für seine, ihm vom Herrn des Himmels und der Erde zugewiesene Stellung und brachte die Liebe zu seinem Schöpfer zum Erlöschen. Das Böse, das nun anstelle des Guten in ihm groß wurde, brachte ihn zur offenen Revolte gegen Gott. Und da wo Liebe ist – und Gott ist die Liebe – kann das Böse nicht existieren.

Der Stolz, der durch das Böse entfacht wurde, besiegelte seinen Sturz aus dem Himmel.

Und da er sah, dass Gott einen Adam schuf, den Er zu Seinem Ebenbild erkor und den Er liebte und er, der Satan (Durcheinanderbringer) die Liebe Gottes verloren hatte, schwor er Rache. Und da hatte er die geniale Idee, Adam ebenfalls aus der Gegenwart Gottes auszuschließen. Wie wir wissen, gelang sein Plan.

Da Gott Adam die Herrschaft über alles auf Erden übertragen hatte, und der sie an den Teufel verlor, stehen wir alle unter diesem schrecklichen Regime. Denn Gott nimmt ein einmal gegebenes Wort nicht zurück. Die Heilige Schrift sagt: „Gott ist nicht ein Mensch, dass er lüge, noch ein Menschenkind, dass ihn etwas gereue. Sollte er etwas sagen und nicht tun? Sollte er etwas reden und es nicht halten?“ (*4. Mose, 23, 19*).

„… sind wir untreu, so bleibt er treu; denn er kann sich selbst nicht verleugnen“ (*2. Timotheus, 2, 13*).

Ich bin überzeugt, dass Satan seinem Schöpfer zeigen will, wozu Seine so geliebten Menschen fähig sind. Wie sie Ihm ins Gesicht spucken, wie sie Seinen Sohn skrupellos töten, wie sie einander denunzieren und ausliefern, sich gegenseitig quälen und umbringen,.

Er ist der Vater der Lüge und hat von Anfang an mit der Unwahrheit die oft arglosen Menschen übertölpelt.

Gott schuf nicht das Böse. Das Böse ergibt sich dadurch, dass das Gute – die Liebe – abwesend ist. Gott drängt sich nicht auf. Er bietet sich an. Wir haben, wie Adam, die Möglichkeit, uns für oder gegen Ihn zu entscheiden.

Kann ich mich auf Gott verlassen?

Mein Opa hat mir erzählt, dass im Himmel ein Gott wohnt, der mein Vater ist und mich lieb hat. Und dass Jesus Christus mein Bruder ist und für meine Sünden gestorben ist. Und dass der mich auch lieb hat.

Aber wo waren die beiden, als ich ihre Liebe am meisten gebraucht hätte? Als ich geschlagen wurde, als ich abgelehnt wurde, als ich vergewaltigt wurde, aus meinem Haus und Besitz gejagt wurde, ich krank war und meine Kinder weggelaufen sind? Wo war Gott da, wo war Jesus?

Wenn es Ihn gäbe, warum greift Gott dann nicht ein, wenn die ganze Welt vor die Hunde geht? Warum tut Er nichts gegen Kriege, Morde, Vergewaltigungen von Kindern? Warum lässt Er Neid, Hass, Gier, Leid und Not zu? Er ist doch ein Gott, Er kann doch angeblich alles. Warum soll ich glauben, dass es Ihn wirklich gibt?

Spuren im Sand von Margaret Fishback Powers:

„Eines Nachts hatte ich einen Traum:
Ich ging am Meer entlang mit meinem Herrn.
Vor dem dunklen Nachthimmel
erstrahlten, Streiflichtern gleich,
Bilder aus meinem Leben.
Und jedes Mal sah ich zwei Fußspuren im Sand,
meine eigene und die meines Herrn.

Als das letzte Bild an meinen Augen
vorübergezogen war, blickte ich zurück.
Ich erschrak, als ich entdeckte,

dass an vielen Stellen meines Lebensweges
nur eine Spur zu sehen war.
Und das waren gerade die schwersten
Zeiten meines Lebens.

Besorgt fragte ich den Herrn:
Herr, als ich anfing, dir nachzufolgen,
da hast du mir versprochen,
auf allen Wegen bei mir zu sein.
Aber jetzt entdecke ich,
dass in den schwersten Zeiten meines Lebens
nur eine Spur im Sand zu sehen ist.
Warum hast du mich allein gelassen,
als ich dich am meisten brauchte?

Da antwortete er: Mein liebes Kind,
ich liebe dich und werde dich nie allein lassen,
erst recht nicht in Nöten und Schwierigkeiten.
Dort, wo du nur eine Spur gesehen hast,
da habe ich dich getragen."

Wer kann besser als diese Worte die Treue und die Liebe Gottes ausdrücken? Man muss ja nicht daran glauben, aber das macht das Leben schwerer. Satan hat nun einmal die Herrschaft über die Erde. Er wird uns die größten Probleme schaffen, weil sein Hass auf Gott und uns, Seine Geschöpfe, so groß ist. Doch wenn wir auch durch schwere Nöte und Sorgen gehen, wenn Krankheit und Armut uns plagen, ist Gott immer und immer bei uns. Notfalls trägt Er uns, wenn unsere Kraft nicht mehr reicht.

Die Wissenschaft – können wir durch Studien weise werden?

Die Wissenschaften haben mich nie interessiert. Mein Verstand sagte mir, wenn es jemand gibt, der Wissen schafft, dann hat derjenige eine unglaubliche Macht, sobald er Nachfolger findet, die sich von seinem, von ihm geschaffenen Wissen, überzeugen lassen. Dadurch können Kriege ausgelöst werden, Gelder verschwendet und verrückte Theorien zu noch verrückteren Handlungen führen.

Ist ein Studium wirklich noch dazu da, Situationen oder Behauptungen oder Theorien von allen Seiten zu beleuchten und eigene Erkenntnisse dazu zu erlangen, oder werden bestimmte mit dem Denken zu erreichende Ziele vorgegeben? Gibt es tatsächlich noch die unabhängige Lehre? Wenn ich allein an die Evolutionstheorie denke, muss ich diese Frage wohl verneinen.

In ein paar wenigen Ländern wird der Kreationismus neben der Evolutionstheorie vermittelt. Hier hat der Student die Möglichkeit, das eine an dem anderen zu messen. Die jeweiligen Argumente gegeneinander abzuwägen. Ich würde mir das für Deutschlands Schulen und Universitäten auch wünschen. So lange diese Möglichkeit aber nicht besteht, kann ich nicht von einer unabhängigen Lehre ausgehen.

Ich bin immer wieder überrascht, dass Menschen in der heutigen Zeit davon überzeugt sind, dass die Altvorderen weniger weise waren oder weniger geistige Kraft hatten, als die moderne Spezies. Ganz im Gegenteil bin ich der Meinung, dass wir im Laufe der Jahre einen großen Teil der menschlichen Fähigkeiten eingebüßt haben. Es gab eine Zeit, wo uns keine Denk-Fertiggerichte vorgesetzt wurden. Eine Zeit, in der noch selber entwickelt, beobachtet, nachgedacht, erfunden wurde.

Doch hat uns bis zum heutigen Tag keine Wissenschaft der Welt die elementaren Fragen, z. B. nach dem Sinn unseres Lebens, nach der Entstehung der Universen oder der Erde, nach der Zukunft nach dem Tod usw. zufriedenstellend beantwortet.

Irgendjemand denkt sich irgendetwas aus und lässt uns an seinen Spekulationen teilhaben. Und da wir Menschen leider oft genug nur noch aus einer trägen Masse zu bestehen scheinen, übernehmen wir unkritisch und ungeprüft ihre Positionen und schlucken, was uns andere vorgekaut haben. Die Schwierigkeit, sich in die kritische Phase zu begeben ist, dass uns die Dinge mit wissenschaftlichen Ausdrücken serviert werden, die so klug und unwiderlegbar klingen und man durch Nachfragen nicht in den Verdacht geraten möchte, ungebildet oder unwissend zu sein.

Der gesunde Menschenverstand, unser Bauchgefühl und die Weisheit der Alten sind keine Maßstäbe mehr und werden verlacht. Und doch wäre häufig darauf mehr Verlass als auf all die mit Fremdwörtern gespickten und dadurch dem normalen Sterblichen unerreichbar entrückten wissenschaftlichen Ergüsse. Nicht selten werden diese manchmal kühnen Lehren nach ein paar Jahren ganz still und leise verworfen.

Wie viele Jahre, wie viel Geld und wie viele Wissenschaftler wurden verschlissen, um die Behauptung zu beweisen, Gott habe die Welt nicht erschaffen. Lieber sollen wir an Tausende von Zufällen glauben, an Milliarden Jahren, in denen sich das Leben entwickelt haben soll, als einfach Gott zu glauben, was Er uns für jedermann verständlich in Seinem Wort erzählt.

Ist es nicht eigenartig, dass wir so gern glauben, was schon Adams Verhängnis war? „Ihr werdet sein wie Gott!" Der Widersacher Gottes hat nie aufgehört, uns dies einzuflüstern. Und so suchen wir und suchen und werden noch in Ewigkeit nach dem missing link suchen und es mit absoluter Sicherheit nicht finden. Es ist nicht vorhanden.

„Ich habe niemals die Existenz Gottes verneint. Ich glaube, dass die Entwicklungstheorie absolut versöhnlich ist mit dem Glauben an Gott. Die Unmöglichkeit des Beweisens und Begreifens, dass das großartige über alle Maßen herrliche Weltall ebenso wie der Mensch zufällig geworden ist, scheint mir das Hauptargument für die Existenz Gottes."
Charles Darwin (1809–1882), englischer Naturforscher, Begründer der Evolutionstheorie

„Wenn Arten aus anderen Arten durch unmerkbare kleine Abstufungen entstanden sind, warum sehen wir nicht überall unzählige Übergangsformen? Warum bietet nicht die ganze Natur ein Gewirr von Formen dar, statt dass die Arten, wie sie sich uns zeigen, wohl begrenzt sind?"
Charles Darwin

„Der erste Trunk aus dem Becher der Naturwissenschaft macht atheistisch, aber auf dem Grund des Bechers wartet Gott."
Werner Heisenberg (1901–1976), deutscher Physiker

„Die moderne Physik führt uns notwendig zu Gott hin, nicht von ihm fort. – Keiner der Erfinder des Atheismus war Naturwissenschaftler. Alle waren sie sehr mittelmäßige Philosophen."
Sir Arthur Stanley Eddington (1882–1946), englischer Astronom und Physiker

„Die Evolutionstheorie steht ihrer größten Krise gegenüber, wenn es dazu kommt, den Ursprung des Lebens zu erklären. Der Grund dafür ist, dass organische Moleküle so komplex sind, dass ihre Bildung unmöglich als zufällig entstanden erklärt werden kann."
Prof. Alexander Oparin (1894–1980), sowjet. Biochemiker

„Wie können anorganische Moleküle biologische Informationen bekommen und weitergeben, damit eine Urzelle entstehen kann? An und für sich ein unlösbares Problem."
Prof. Dr. Manfred Eigen – Nobelpreis für Chemie

„Universelle Information kann nicht selbstständig entstehen.

Universelle Information ist eine geistige, nichtmaterielle Größe und stammt IMMER von einem intelligenten Sender/Urheber.

Was heißt das? Heute wissen wir, was Darwin nicht wissen konnte. In den Zellen aller Lebewesen befindet sich eine unvorstellbare Menge an codierter Information. Die Bildung aller Organe geschieht informationsgesteuert, tausende geregelte und präzise aneinandergekoppelte Abläufe in jeder einzelnen Zelle funktionieren ebenso informationsgesteuert wie die Herstellung aller körpereigenen Substanzen (allein

50.000 verschiedene Proteine im menschlichen Körper). Und jede dafür notwendige Arbeitsanweisung steht gespeichert in der DNA unserer Zellen, und das in der höchsten überhaupt bekannten Speicherdichte: So könnte man im Volumen eines Stecknadelkopfes, der nur aus DNA-Material besteht, einen Stapel Taschenbücher speichern, der 500-mal höher wäre als die Entfernung von der Erde bis zum Mond. Verteilt man diese Menge an Bücher auf alle Bewohner der Erde (derzeitig ca. 7 Milliarden) so erhielte jeder Mensch 2143 Exemplare. Auch die Wissenschaftler Georg Church und Sri Kosuri des Harvard Wyss Institute haben gezeigt, dass 700 TB Daten in nur einem Gramm DNA gespeichert werden können. Eine unvorstellbare Informationsdichte nach einem äußerst genialen Prinzip, von dem all unsere Computerspeicher weit, weit entfernt sind.

Ein Codesystem ist aber immer das Ergebnis eines intellektuellen Prozesses und erfordert einen geistigen Urheber. Alle Erfahrung zeigt, dass die Materie von sich aus nicht in der Lage ist, einen Code zu generieren um Information in freier Gestaltung zu verschlüsseln. Dazu ist immer ein vernunftbegabtes Wesen mit freiem Willen, Intelligenz und kreativer Planungsfähigkeit erforderlich. Die Fähigkeit des Denkens ist dabei eine notwendige Voraussetzung. Aufgrund dieser schlichten Zusammenhänge stellt sich natürlich automatisch die Frage: Woher stammt die unvorstellbar riesige Informationsmenge in unserer DNA? Leider wird in evolutionsbiologischen Arbeiten durchweg davon ausgegangen, dass Information von selbst in der Materie entstehen kann. Niemand hat aber je einen solchen Prozess in der Wirklichkeit zeigen können. Wie auch, denn einem rein materialistischen Kosmos (und als solcher wird er in den Naturwissenschaften beschrieben) ist es unmöglich eine nichtmaterielle Größe wie Bewusstsein, Wille, Intelligenz oder Universelle Information zu erzeugen."

(*Die Unmöglichkeit der Evolution*, www.was-darwin-nicht-wusste.de)

Meine Theorie ist, dass alle Wissenschaftler die Neugier, die Lust auf forschen, die Freude daran, Neues zu entdecken ganz bewusst von Gott bekommen haben, damit sie diese Gaben zum Lob und zur Ehre des Schöpfers allen Seins benutzen. Ich bin der Ansicht, dass jeder Gelehrte während seiner Arbeit an einen Punkt kommt, an dem er Gott bezeugen müsste. An diesem Punkt muss er eine Entscheidung treffen, die sich leider oft gegen Gott richtet. Wenn er sich aber von Ihm abwendet und auf eigene Rechnung über diese Grenze hinweggeht, wird er zu Theorien kommen, die entweder bald verworfen werden müssen oder es kommt zu einem Ergebnis, das letztendlich nicht nur unbrauchbar, sondern auch gefährlich sein kann.

Die Wissenschaft kann nur das studieren, was schon vorhanden ist. Sie kann keinen Grashalm herstellen, kann kein Tier erschaffen, kann nur verändern, was schon da ist. Und das Schlimme ist, jede Veränderung, die die Menschen vornehmen, um sich wie Gott zu fühlen, bringt nur Nachteile. Was haben wir der Wissenschaft Neues und dabei Gutes zu verdanken? Ich könnte viele tausend Erfindungen aufzählen, die Tod und Leid und Schmerz ausgelöst haben. Das Fatale ist, dass viele Neuerungen gut aussehen, durch ihre schnellen

Wirkungen überraschen und begeistern und sich nach einiger Zeit als schreckliche Falle erweisen.

Natürlich wird mir gleich entgegengehalten werden, dass die Entwicklung des Penicillins doch ein Segen für die Menschheit ist.

Vor ungefähr 90 Jahren führte die Entdeckung des Penicillins zu einer medizinischen Revolution. Viele Menschen konnten dank seiner geheilt werden. Doch durch die leichtfertige Gabe von Antibiotika bildeten sich resistente „Killerkeime" überwiegend in Krankenhäusern. Viele Menschen starben dadurch, andere wurden schwer krank. Und die Pharmazie hat keine Antwort darauf und sieht hilflos zu.

„Die erste Resistenz gegen Penicillin wurde bereits 1947 registriert, nur vier Jahre nach dem breiten Einsatz dieses Antibiotikums in der Medizin. Es war der Eitererreger ‚Staphylococcus aureus' (abgekürzt S.aureus), der als erster Keim das Penicillin austrickste." (*Innovations Report – ‚Antibiotika – ein Segen mit Risiko'* v. 25.8.2014)

Da ich kein Wissenschaftler bin, zitiere ich nur, was mir einleuchtet. Bei Interesse steht ja der obige Report zur Verfügung.

In der heutigen Zeit wird Lernen, um Wissen zu erlangen, so vorangetrieben, wie noch nie. Und doch werden die Leistungen der Schüler und Lehrer immer miserabler. Es ist einfach so, dass Intelligenz, so wie wir sie meistens verstehen (und die bis heute nicht eindeutig definiert ist) nichts mit Weisheit zu tun hat. Göttliche Weisheit ist allumfänglich. Sie ist gerade nicht dem Logos unterworfen. Hier denkt nicht der Kopf allein, sondern viel größer ist der Anteil des Herzens.

Und diese Herzensweisheit ist in der Welt nur noch reduziert vorhanden. Die Weisheit schließt den Glauben nicht aus, sondern der Glaube ist Voraussetzung für die Entstehung von Weisheit. Weisheit hat mit Erkennen zu tun und nicht mit Urteil. Salomos Weisheit ist so mustergültig (gilt als Muster), als er verlangt, dass das Kind, auf das beide Mütter Anspruch angemeldet haben, in der Mitte geteilt werde und jede die Hälfte bekomme. Ihm war klar, nur die echte Mutter würde lieber ganz auf ihr Kindlein verzichten, als dass sie es töten ließe.

Ich bin überzeugt, dass Weisheit sich nur entwickeln kann, wenn Empathie vorhanden ist. Ich muss die Bereitschaft mitbringen, mich in den Anderen zu versenken, seine Gefühle nachzuvollziehen, seine Erlebnisse nachzuleben, um ein weises Urteil zu fällen. Und wenn ich noch einen Schritt weiter denke, werde ich gar kein Urteil mehr fällen. Es ist dieses biblische „Richtet nicht, damit ihr nicht gerichtet werdet." Kein Befehl, sondern ein neuer Grund, weiter zu denken. Wenn ich mich in den Anderen tief hineinversetzen kann, wird mir unausweichlich klar werden, dass ich in seiner Situation wahrscheinlich genauso gehandelt hätte, und es wird mir den Mund verschließen, weil ich beginne zu verstehen, was das Wort in *Prediger 7, 20* bedeutet: „Denn es ist kein Mensch so gerecht auf Erden, dass er Gutes tue und nicht sündige." Wenn ich aber verurteile, beweise ich damit doch nur, dass ich mich selber nicht erkannt habe.

Stolz und Demut – manchmal zum Verwechseln ähnlich

Demut ist eine hohe Tugend, die zu erwerben und zu leben ein großes Ziel unseres Lebens darstellen sollte. Doch was verstehen wir unter dem Begriff Demut? Laut *Wikipedia* stammt er aus dem Althochdeutschen und bedeutet dienstwillig, also eigentlich Gesinnung eines Dienenden. Im christlichen Kontext beschreibt dieses Wort die Haltung des Geschöpfes zum Schöpfer. Demut drückt sich dadurch aus, dass der Mensch niemals versucht, Gott ganz zu erfassen, Seine Gedanken ganz zu verstehen und sich geduldet und mit den kleinen Bröckchen zufrieden ist, die ihm der Heilige Geist serviert. Gerade so viel, wie der Mensch braucht, um Gott immer besser kennenzulernen, in Seine Liebe immer tiefer einzutauchen. Wir haben nicht das Erfassungsvermögen, alles mit einem Mal erkennen und verstehen zu können. Zuviel Wissen würde uns gefährlich werden; denn unser Stolz würde damit genährt.

Und dieser ist der Todfeind der Demut.

So kommt er daher, auf hohem Ross, erhebt sich über alles, was Gott heißt und von Ihm geschaffen wurde. Am Stolz ist der Teufel gescheitert, und doch, nur ein Geschöpf und nimmt für sich in Anspruch, dem Schöpfer Paroli bieten zu können. Er will beherrschen – natürlich nicht sich, sondern immer nur die Anderen, er braucht Untertanen, er ist tief gekränkt, wenn man seine Strahlkraft, die er sich selber zuschreibt, nicht auch bekennt und sich ihm willig unterwirft.

Aber der Stolz hat auch ein latentes Vorhandensein. Dann verkleidet er sich als frömmelnde Demut. Ich habe es in einer Gemeinde erlebt, dass Aufgaben verteilt wurden.

Eine der geringsten war natürlich das Putzen und da vor allem Putzen des Klos. Es gab zwei Frauen, die sich regelmäßig darum stritten, diese niedere Arbeit tun zu dürfen. Oft macht sich der Stolz so klein, dass wir ihn kaum erkennen können. Aber das ist die gefährlichere Variante. Wenn wir uns kleiner, unbedeutender, nichtssagender, sündiger, liebensunwerter machen, als unser Vater im Himmel uns sieht, unterstellen wir Ihm, dass Er sich irrt, dass wir das bessere Urteilsvermögen haben. Welche Überheblichkeit, welche Arroganz!! Da stellt sich das Geschaffene über den Schöpfer, das Tongefäß über den Töpfer.

Die versteckte Form des Stolzes und die Demut sind oft nur mit scharfem Blick auseinanderzuhalten. Und ohne die Motivation eines Menschen zu kennen, ist ein Irrtum nicht ausgeschlossen.

Gottes Wort spricht: „Gott widersteht dem Stolzen, aber dem Demütigen gibt er Gnade." Jesus sagt seinen Jüngern einmal (kein wörtliches Zitat): „Wenn ihr zu einer Hochzeit eingeladen seid, dann setzt euch an das Ende des Tisches. Damit der, der euch eingeladen hat, euch zu sich ruft und sagt, hallo mein Freund, komm setz dich zu mir. Und setzt euch nicht von vornherein neben den Gastgeber, damit dieser nicht, wenn ein Wichtigerer als ihr kommt, euch sagen muss, ach, setz dich doch an das Ende des Tisches."

Der Mensch - ein Tier?

Wie ist das Verhältnis von Mensch zu Tier zu verstehen? Sind sie gleichrangig? Ist das eine dem anderen untergeordnet?

Schlagen wir wieder die *Bibel* auf, um zu erfahren, was Gottes Wort dazu zu sagen hat. Gott sprach und es ward. Das Licht, dann eine Feste zwischen den Wassern, danach ließ er durch sein Wort Pflanzen und Bäume sprießen, sodann setzte Gott die Sonne, den Mond und die Sterne an die Feste des Himmels, und am fünften Tag schuf er alle Tiere im Meer und in der Luft, am sechsten Tag ließ der HERR allerlei Tiere, Vieh und Gewürm die Erde bewohnen. Und als das alles vollendet war, sprach Er: „Lasset uns Menschen machen, ein Bild, das uns gleich sei, die da herrschen über die Fische im Meer und über die Vögel unter dem Himmel und über das Vieh und über die ganze Erde und über alles Gewürm, das auf der Erde kriecht. Und Gott schuf den Menschen zu Seinem Bilde, zum Bilde Gottes schuf Er ihn" (*1. Mos. 1, 26 + 27*).

Es gibt Menschen, die aus der Tatsache, dass Gott zuerst die Tiere und dann erst den Menschen gemacht hat, schließen, dass die Tiere dem Menschen vorangestellt seien. Sie seien nicht so verdorben wie die angebliche „Krone der Schöpfung", rotteten einander nicht aus, liebten ihre Kinder, versorgten die Schwachen, seien keine Heuchler und keine Verräter.

Doch lese ich aus der Schöpfungsgeschichte etwas anderes: Gott hatte Sehnsucht nach einem Gegenüber, mit dem Er durch die Abenddämmerung spazieren und mit dem Er sich unterhalten konnte. Er wünschte sich Jemanden, der sich entscheiden konnte, der widersprechen konnte, der überzeugt oder nicht überzeugt werden konnte, der herrschen sollte ohne zu unterdrücken, der sich das Geschaffene nutzbar machen sollte, ohne zu zerstören.

So stellte Er eine Erde her, die dem Menschen als Wohnstatt dienen konnte. Dazu musste erst einmal Licht her, dann wurden die Wolken (also das Wasser am Himmel) vom Wasser auf Erden (den Meeren) getrennt. Als das erledigt war, sprach Er die Pflanzen und Bäume in Existenz. Darauf folgten Sonne, Mond und Sterne, den Menschen zur Orientierung, Tiere in den Meeren und Vögel unter dem Himmel waren Sein nächstes Werk. Und am sechsten Tag schuf Er das Vieh, das sich auf Erden vermehren sollte, wie auch die Tiere im Meer und die Vögel unter dem Firmament.

Der Himmel ahnte, was Gott vorhatte. Ich glaube, alles wartete gespannt auf das, was Gott ins Sein rufen würde. Und da entstand zunächst der Garten Eden vor den Augen der Engel, mit so viel Liebe und Hingabe durch Gott entworfen und errichtet. An jedem Tag geschah etwas aufregend Neues. Kein Auge hatte so etwas bisher gesehen. Und alles entstand in Erwartung auf den Moment, wo Gottes Gegenüber diese Erde betreten würde. Als alles geschehen war und der sechste Tag sich dem Ende näherte, nahm Gott einen Erdenkloß, der Himmel hielt den Atem an. Er formte aus ihm den Adam, den Menschen. Und dann blies Er ihm Seinen lebendigen Odem ein. So wurde der Mensch eine lebendige Seele. Der Himmel seufzte auf in stillem Jubel. Gottes Sehnsucht war gestillt. Er hatte Sein Gegenüber erschaffen.

Alle andere Schöpfung war Vorbereitung auf den Auftritt des Menschen. Er war der, von dem Gott gesagt hatte: „Lasst uns Menschen machen, ein Bild, das uns gleich sei, die da herrschen über die Fische im Meer und über die Vögel unter dem Himmel und über das Vieh und über die ganze Erde und über alles Gewürm, das auf Erden kriecht" (*1. Mose 1, 26*).

Als Adam beauftragt wurde, den Tieren Namen zu geben, wurde damit seine herrschende Position über sie zum Ausdruck gebracht. Namen werden nur aus einer erhöhten Position vergeben. Durch Namen bekamen die Tiere ihre Identität, da sie benannt wurden nach ihren Eigenschaften, ihrer Schnelligkeit, ihrem Verhalten, nach ihrem Körperbau, nach ihren Talenten.

Der Mensch war schon immer ein Mensch, weil Gott kein Tier machen wollte, als Er ihn aus Erde formte, sondern ein Wesen, das von Seiner Art war, ein Wesen, das sich entscheiden konnte und sollte.

Und bis zum heutigen Tag wird uns diese Möglichkeit oft genug zum Verhängnis. Wie schnell können wir irgendwelchen Einflüsterungen erliegen, wie es auch Adam passiert ist. Und wir tragen noch heute an seinem Unvermögen, sich richtig zu entscheiden. Die Aussicht, sein zu können wie Gott, betört uns moderne Menschen genauso wie ihn. Wir müssen ihm nichts vorwerfen, wir hätten genauso versagt.

Außerhalb der liebenden Gegenwart Gottes, also außerhalb des Gartens Eden, war das Leben Mühsal und Qual. Der Garten Eden war ihnen für immer verschlossen. Für Adam und Eva und ihre Nachkommen gab es ein Zurück nicht mehr. Der Cherub stand mit seinem flammenden Schwert davor. Wenn wir es zulassen, können wir auch hier die große Liebe Gottes erkennen, dass Er ihnen den Rückweg unmöglich gemacht hat. Wenn sie nun, nachdem sie von Baum der „Erkenntnis des Guten und Bösen“, auch noch von dem anderen Baum, dem Baum des Lebens gegessen hätten, wäre für sie auf immer die Rückkehr zu ihrem Schöpfer versperrt gewesen.

Und auch unser Weg ist oft Mühsal und Qual. Doch uns kann dieser Weg schon während unseres irdischen Lebens wieder nach Eden bringen, weil Jesus durch Seinen Tod am Kreuz den Rückweg für uns geöffnet hat. Der Cherub steht nicht mehr davor. Niemand hindert uns mehr, wieder in die Geborgenheit der Gegenwart Gottes zu kommen.

So wie sich Adam falsch entschieden hat, haben wir die Chance, die richtige Entscheidung zu treffen.

Jesus Christus, der Sohn Gottes, ist der einzige Weg, die einzige Wahrheit und das einzige Leben. Niemand – egal welchen Weg er sonst noch wählt – niemand kommt zum Vater als nur durch Ihn. Und es gibt keine andere Möglichkeit, wir können so viel Gutes tun, wie wir wollen, wir können die größten Humanisten sein, wir können die heiligsten Menschen sein, wir müssen uns vor Augen halten, dass wir aus lauter Gnade gerettet sind. Aus lauter Gnade, nicht durch unsere Werke. Wir können durch keine noch so fromme Haltung, weder durch Kasteiung noch durch viel Beten oder ständiges Bibellesen Seine Liebe zu uns, die unendlich ist, verdienen.

Gott liebt die Sünder

Gott hasst nicht den Sünder, sondern die Sünde. Wenn wir uns eingestehen, dass wir im Licht Seiner Heiligkeit betrachtet nur arme, verlorene Übeltäter sind und keinen Anspruch auf den Frieden mit Gott haben, und wenn es uns erschüttert, zutiefst erschüttert, dass unsere Sünden den Sohn des Höchsten ans Kreuz genagelt haben, dass Sein Blut unseretwegen vergossen wurde, das Blut des Gerechten für die Sünder, dann werden wir uns schämen und gestehen, dass an uns nichts Liebenswertes und nichts Gutes ist. Und wenn es uns von Herzen leidtut und wir tief bereuen, dass wir versucht haben, ohne Ihn durchs Leben zu gehen, Ihn vielleicht oft verspottet haben, dann nimmt Er uns in Seine Arme und flüstert uns zu: „Ich habe dich mit dem Vater versöhnt. Du bist kein Sünder mehr. Du bist ein Kind Gottes und du darfst Vater sagen. Du bist nie mehr allein."

Dann sind wir frei, frei von Verurteilung und Angst. Frei von Bitterkeit und Hass. Wie Jesus zu Nikodemus in der Nacht sagte: „Es sei denn, dass jemand von Neuem geboren werde, so kann er das Reich Gottes nicht sehen." Ja, und so ist es auch. Wenn Jesus unser Herr, unser Lehrer und unser Hirte geworden ist, spüren, nein, wissen wir, dass wir tatsächlich ein neuer Mensch sind, der nicht mehr tun möchte, was ihm früher keine Mühe gemacht hat, aber das nicht in Ordnung war im Glanz der Heiligkeit Gottes. Ja, ein neuer Mensch, der gerne im Wort Gottes liest, dessen wichtigstes Gesprächsthema Jesus und die Befreiung von der Sklaverei der Sünde ist. Nicht gezwungen, sondern aus freiem Willen und mit so viel Freude. „An ihren Früchten werdet ihr sie erkennen." Ja, wir lieben die Menschen und möchten, genau wie der Vater im Himmel, dass kein Gottloser verloren geht. Wir nehmen es hin, verspottet zu werden und als geistig etwas minderbemittelt zu gelten, aber was ist das schon im Vergleich zu dem, was uns erwartet?

Es gibt sowohl in den Landeskirchen als auch in vielen Sekten und nichtchristlichen Vorstellungen die Ansicht, dass jeder Mensch in den Himmel kommt, wenn er gestorben ist. Das ist ein Trugschluss und eine wirklich gefährliche Irrlehre; denn sie führt über den breiten Weg direkt in die Verdammnis.

Zu Gott kann nur kommen, der das Angebot annimmt, das Gott uns macht, in dem Er uns durch den Opfertod Jesu Christi mit sich selbst versöhnt und uns als Seine Kinder anerkennt.

Was aber passiert mit den Menschen, die vor Jesu Tod gelebt haben? Und was passiert mit denen, die von Jesus noch nie hörten?

Gott liebt alle Menschen, und Sein Sohn hat Sein Leben für alle Menschen hingegeben. Er hat die Schuld aller auf sich genommen.

„So sprich zu ihnen: So wahr als ich lebe, spricht der HERR, ich habe keinen Gefallen am Tode des Gottlosen, sondern dass sich der Gottlose bekehre von seinem Wesen und lebe" (*Hesekiel 33, 11a*).

Sind nun die Menschen, die vor Jesu Erlösungswerk gestorben sind errettet oder nicht?

„Abram glaubte dem HERRN, und das rechnete er ihm zur Gerechtigkeit" (*1. Mose 15, 6*), „Denn was sagt die

Schrift? Abraham aber glaubte Gott, und es wurde ihm zur Gerechtigkeit gerechnet“ (*Römer 4, 3*).

Abram, den Gott später Abraham nannte, kannte Jesus Christus nicht, und doch wurde ihm von Gott angerechnet, dass er Ihm glaubte. Gott sprach mit ihm und er zweifelte nicht an dem, was Gott ihm sagte.

Die Israeliten waren auch nicht eingeweiht in das Geheimnis Jesu. Deshalb mussten sie jedes Jahr durch das Schlachten eines Lammes ihre Sünden eingestehen und Gott dadurch um Vergebung bitten.

Alle Menschen, die vor der Kreuzigung und Auferstehung Jesu gestorben sind, sind aufbewahrt auf den Tag des Wiederkommens Jesu.

Dasselbe gilt für die Menschen, die auch nach Seinem Opfer auf Erden lebten oder leben und ebenfalls niemals von Ihm gehört haben. Auch sie warten auf die Wiederkunft unseres Herrn.

„Nachdem nun Gott die Zeiten der Unwissenheit übersehen hat, gebietet er jetzt den Menschen, dass sie alle allenthalben Buße tun sollen“ (*Apostelgeschichte 17, 30*).

Gott hat einen Tag festgesetzt, an dem Er fair richten wird. Wenn alle Bücher aufgeschlagen sind, wird ein gerechtes Gericht stattfinden. (*Offenbarung 20, 11–12*).

Dieses Gericht wird stattfinden über alle Völker und Nationen (*Apostelgeschichte 10, 35–45*).

Letztendlich geht es nur um die Herzenshaltung. Gott hat den Menschen Seine Gesetze ins Herz geschrieben. Und Er sagt: „Wer mich sucht, der wird mich finden.“

Und Petrus bezeugt uns im *1. Petrusbrief 3, 19–20* und *4, 6*, dass Jesus ins Totenreich gegangen ist, um den Toten zu predigen.

Was hätte Er wohl anders predigen sollen, als die Frohe Botschaft, dass jeder, der an Ihn glaubt, gerettet ist?

Alle Menschen sind mit einem Gewissen ausgestattet, das ihnen ihr Schöpfer mitgegeben hat, damit sie keine Ausrede haben, wenn sie eines Tages vor Ihm stehen. Sie werden gerichtet nach ihren Werken.

Über das Gewissen hat der bekannte Evangelist Spurgeon folgendes gesagt:

„Es ist eine schreckliche Sache, wenn man anfängt, das Gewissen hart werden zu lassen, denn dann heißt es, dass sie bald „in ihrem eigenen Gewissen gebrandmarkt“ sind (*1. Timotheus 4,2*). Es ist wie das Gefrieren eines Teiches. Der erste Überzug von Eis ist kaum wahrnehmbar. Haltet das Wasser in Bewegung, und es wird nie zu Eis werden. Aber lasst es sich erst überziehen, so wird die Eisschicht dicker und immer dicker. Schließlich ist sie dann so fest, dass ein Wagen über das gefrorene Wasser fahren kann. So ist es mit dem Gewissen; es überzieht sich allmählich, und zuletzt wird es unempfindlich und kann ein großes Gewicht an Sünden tragen.“

(C. H. Spurgeon: *Der gute Kampf des Glaubens – Alttestamentliche Predigten*)

Gott hat durchaus Möglichkeiten, Menschen auf Seine ganz auf den Einzelnen zugeschnittene Art, zu erreichen. Da ist gar nichts nötig als wirklich ernsthaft auf der Suche zu sein. „Wer suchet, der wird finden!“

Dazu fällt mir eine Geschichte ein, die uns in der Gemeinde von einem Mann aus Südafrika erzählt wurde.

Philipp, so ist sein jetziger Name, ist Inder. Seine Eltern hatten vor seiner Geburt bereits drei Kinder verloren, die nicht älter geworden waren als drei Monate. Nun wurde das neue Baby geboren und nach gut zwei Monaten wurde es sterbenskrank. Sie hatten ihren Sohn Kobra genannt, weil sie ihn diesem Gott weihen wollten in der Annahme, dass die Stärke und der Überlebenswillen dieses Tieres sich auf das Kind übertragen würden. Doch es hatte nichts genutzt.

Eines Tages kam der Vater ganz aufgeregt nach Hause und erzählte seiner Frau, dass drüben, auf dem Berg, weiße Männer wären, die von einem neuen Gott erzählten, der Kranke gesund und Tote lebendig machen konnte.

Schnell packten die zwei den Kleinen in einen Korb und machten sich an den Aufstieg.

Zwei Missionare standen oben, umringt von vielen Menschen, die Kranke zu ihnen gebracht hatten oder selbst krank waren.

Die Neuankömmlinge stellten sich nirgendwo an, sondern drängten sich vor, bis sie vor den Männern standen. Sie hielten ihnen ihr Kind hin und erzählten, dass seine drei Geschwister schon als Babys gestorben waren und sie nun befürchteten, dass auch dieses Kind die Krankheit nicht überleben würde.

Die Missionare erzählten der Menge von Jesus Christus, dem Sohn Gottes, der auf die Erde gekommen war, um die Menschheit zu erlösen. Ja, er hatte auch Kranke geheilt und Tote auferweckt.

Sie verstanden ihren Auftrag in dem Gebot, das Jesus Seinen Jüngern gegeben hatte, bevor Er aufgefahren war zu Seinem Vater. „Und Jesus trat herzu, redete mit ihnen und sprach: Mir ist gegeben alle Macht im Himmel und auf Erden.

So geht nun hin und macht zu Jüngern alle Völker, und tauft sie auf den Namen des Vaters und des Sohnes und des Heiligen Geistes und lehrt sie alles halten, was ich euch befohlen habe. Und siehe, ich bin bei euch alle Tage bis an das Ende der Weltzeit! Amen“ (*Matthäus 28, 18-20*).

Die Eltern des kranken Babys wollten alles tun, was sie konnten, damit ihrem Kind geholfen würde. Ja, sie wollten an diesen neuen Gott, Jesus, glauben. Sie taten Buße für ihr Leben, das nicht immer so ganz ehrlich verlaufen war.

Dann wurde der kleine Junge, der bis zu diesem Tage Kobra geheißen hatte, getauft und erhielt einen neuen, christlichen Namen, Philipp.

Und ihr Kind wurde tatsächlich gesund und die Mutter prägte ihm ein, dass er nie vergessen solle, dass sein Gott Jesus heißt.

Die Inder haben Millionen Götter. Und so war es wichtig, sich den Namen des Gottes zu merken, wenn man ihn um etwas bitten wollte. Man konnte Götter erzürnen, wenn man sie nicht mit ihrem Namen ansprach, so wurde es den Menschen gesagt.

Nach einigen Jahren, Philipp war inzwischen sechszehn Jahre alt, starb seine geliebte Mutter. Er war sehr traurig. Sie war die gute Seele des Hauses gewesen.

Sein Vater heiratete eine neue Frau, die Philipp nicht mochte und ihre zwei eigenen Kinder immer bevorzugte. Er musste alle niederen Arbeiten erledigen, die beiden anderen verspotteten und drangsalierten ihn.

Eines Tages kam Philipp früher als die anderen von der Schule heim. Seine Stiefmutter setzte ihm einen Teller mit Suppe vor. Er fand, sein Essen sah eklig aus. Weil er aber keinen Krach riskieren wollte, stellte er den Teller auf den Fußboden und die Katze fraß ihn leer. Plötzlich jaulte sie kurz auf, hatte Schaum vor dem Maul und fiel tot um. Da wusste er, dass die Frau seines Vaters ihn vergiften wollte.

Sie erzählte die Geschichte dem Vater, bevor Philipp dazu kam, völlig anders. Sein Sohn hätte sie umbringen wollen, und deshalb Gift in ihre Suppe gegeben. Sie habe plötzlich keinen Appetit mehr gehabt und der Katze den Teller hingestellt.

Daraufhin warf der Vater Philipp aus dem Haus. Er dürfe nie mehr zurückkommen. In seiner Not ging er zum Friedhof und fragte am Grab seiner Mutter, wo denn Jesus jetzt sei? Was sollte er machen? Wohin sollte er gehen?

Plötzlich vernahm er den Klang einer Trompete und laute Männerstimmen. Er ging ihnen nach und stoppte vor einem Tisch, an dem ein Mann in Uniform saß. Um ihn herum standen junge Männer. Als der Mann Philipp gewahr wurde, fragte er ihn, ob er nicht auch zum Militär möchte. Philipp bejahte diese Frage. Ihm erschien diese Möglichkeit in seiner Situation als Rettung. Ja, er bekäme Kleidung, gutes Essen, ein Quartier und wäre mit vielen jungen Männern zusammen. Das gefiel ihm.

Als er die Frage nach seinem Alter mit siebzehn Jahre beantwortete, sagte der Mann am Tisch, dann täte es ihm leid. Aber da bräuchte er die Unterschrift seines Vaters.

Philipp konnte diese Unterschrift natürlich nicht bringen. Und er wollte sich gerade traurig abwenden, als ein älterer Mann, auch in Uniform, ihn fragte, ob er ihm nicht seine Geschichte erzählen möchte. Und Philipp berichtete. Da sagte der Mann: „Wenn du willst, bin ich ab jetzt dein Vater und gebe mein Einverständnis dazu, dass du in die Armee eintrittst."

Die nächsten Jahre waren sehr kurzweilig. Abends saßen die jungen Soldaten oft zusammen und tranken und rauchten miteinander. Dieses Leben gefiel allen sehr. Philipp trank immer mehr und merkte nicht, wie er langsam aber sicher zum Alkoholiker wurde. Er rauchte auch viel zu viel.

Dann kam der Zeitpunkt, an dem er gern heiraten wollte. Viele seiner Kameraden waren schon Ehemänner. Sein „Vater" stellte eine Verbindung her zu einer befreundeten Familie und nahm Philipp eines Tages mit. Er lernte zwei Töchter des Hauses kennen, die beide sehr reizend waren.

Der Tag der Hochzeit wurde festgesetzt, und Philipp war total gespannt, welche von beiden wohl seine Frau sein würde. Es überraschte ihn, als ihm eine tief verschleierte Frau zugeführt wurde, dass die beiden anderen Mädchen auch bei den Feierlichkeiten waren. Wer war nun diese?

Im Ehegemach stellte er fest, dass seine Frau nicht so hübsch wie die beiden anderen war und viel dunklere Haut hatte. Er selber war auch sehr stark pigmentiert, aber seine Frau hätte er gern weißer gehabt.

So verweigerte er sich und seine ehelichen Pflichten und kam selten vor spätnachts und angetrunken heim.

Ein quälender Husten zwang ihn zu einem Arztbesuch. Die Diagnose war niederschmetternd. Er hatte Lungenkrebs im fortgeschrittenen Stadium. Der Arzt meinte, er habe höchstens noch ein halbes Jahr zu leben.

In dieser Ausweglosigkeit beschloss Philipp, sich ein paar Flaschen Schnaps, einige Stangen Zigaretten und eine Flasche Gift zu kaufen. Damit ging er in die Wüste und wollte, nachdem er die Zigaretten geraucht und den Alkohol getrunken hatte, durch das Gift seinem Leben ein Ende setzen.

Er warf die leeren Flaschen fort, öffnete das Gefäß mit dem Gift und setzte es an den Mund. In dem Moment schlug jemand gegen seinen Arm, sodass es auf die Erde fiel und dort auslief. Er drehte sich erschrocken um, aber es war niemand zu sehen. Dann hörte er eine Stimme, die ihm sagte, es solle nach Hause gehen und schauen, was seine Frau mache.

Gehorsam, er konnte nicht anders, lief er zu seinem Haus. Durchs Fenster sah er seine Frau auf der Erde knien und hörte sie beten. Sie schrie zu Gott und zu Jesus und bat, dass ihr Mann gerettet würde. Da konnte er nicht mehr an sich halten. Ihm schossen die Tränen in die Augen, und er warf sich neben seiner Frau nieder und betete mit ihr.

Nun begann für beide eine Zeit, endlich, in der sie die Liebe zueinander und zu Jesus kennenlernten.

Jesus hatte ihm nun ein zweites Mal das Leben gerettet, und er und seine Frau beschlossen, in alle Welt hinauszugehen und zu erzählen, was Gott in ihrem Leben getan hat. Sie gingen nach Südafrika und bereisten von dort aus die ganze Welt. So kamen sie auch zu uns, und lobten und priesen Gott und Seinen Sohn und gaben Ihnen die Ehre.

Es gibt viele solcher Zeugnisse und Berichte, wo Gott oder Jesus persönlich in Aktion getreten sind, um Menschen zu erreichen und ihnen das Angebot Ihrer Liebe zu machen.

Ich bin sicher, dass jedem Menschen, egal wo er lebt, wer er ist, woran er glaubt, eines Tages die Frohe Botschaft mitgeteilt wird, und er dann die Möglichkeit hat, sich zu entscheiden. Denn eine Entscheidung muss getroffen werden. Gott wird uns Seine Liebe und Seinen Himmel nicht aufdrängen.

Die Urgemeinde – und ihre allmähliche Auflösung

Als Jesus nach Seiner Auferstehung von der Toten zum Vater in den Himmel aufgefahren war, sandte Gott Seinen Heiligen Geist auf die Jünger, die in Jerusalem auf „die Kraft aus der Höhe" gewartet hatten. Als sie, dadurch befähigt in allen Sprachen zu den vielen Juden redeten, die sich zu dieser Zeit aus aller Herren Länder in ihrer geistigen Hauptstadt versammelt hatten, bildete sich die erste Gemeinde, die ihrem Jesus unbeirrt nachfolgte.

Wikipedia sagt zu dem Fest: „In der Tora hat das Fest mehrere Namen, zum einen חג השבועות ‚Wochenfest' (*2 Mos 34,22 EU* und *5 Mos 16,10 EU*), חג הקציר ‚Fest der Ernte' (*2 Mos 23,16 EU*), יום הבכורים ‚Tag der Erstfrüchte' (*4 Mos 28,26 EU*). Mischna und Talmud kennen das Fest auch als עצרת Atzeret ‚feierliche Versammlung'. Die vielen Namen spiegeln die verschiedenen Bedeutungen wider, die das Fest hat.

So erinnern sich die Juden an den neuerlichen Empfang der Zehn Gebote am Berg Sinai. Beim erstmaligen Empfang hat Mose die Steintafeln mit den Zehn Geboten laut jüdischer Überlieferung zerschmettert, weil das jüdische Volk das Goldene Kalb anbetete. Daraufhin ging Mose wieder auf die Spitze des Berges Sinai, um die Zehn Gebote ein weiteres Mal zu erbitten. Dieses Mal mussten die Israeliten sich die Zehn Gebote verdienen, beim ersten Mal wurden ihnen die Zehn Gebote geschenkt.

Schawuot ist außerdem ein Erntedankfest, da zu dieser Zeit in Israel der erste Weizen geerntet wird."

Leider hat die Zersetzung in der Gemeinde nicht lange auf sich warten lassen.

Als die erste Gemeinde in Jerusalem durch den Heiligen Geist gegründet wurde, waren alle noch eines Sinnes. Sie trafen sich gern und teilten alles, was sie hatten untereinander auf.

Die Früchte, an denen sie erkannt werden konnten, waren Fleiß, Zuverlässigkeit, Wahrhaftigkeit, Liebe untereinander, Freundlichkeit und der absolute feste Glaube an den Herrn Jesus Christus, den auferstandenen Sohn des allmächtigen Gottes.

Damals waren noch die ersten Zeugen zugegen, die mit Ihm dreieinhalb Jahre auf engstem Raum zusammen lebten, die Seine Stimme gehört, Seinen Atem gespürt, Seine Liebe empfangen und Seine totale Verbundenheit mit dem himmlischen Vater erlebt hatten.

Ihre Predigten waren keine Schriftstelle aus der Bibel, in die ihre eigene Meinung hineininterpretiert wurde. Ihre Predigten handelten von dem, was sie gesehen und erlebt hatten. Sie sahen und bezeugten Seine Wundertaten, Seine Göttlichkeit, Seine Weisheit, Seine Demut und Seinen unbedingten Gehorsam Seinem Vater gegenüber. Sie hatten noch hautnah miterlebt, wie Er gesteinigt werden sollte, man Ihn die Klippen hinunterstürzen wollte, Er Menschen in ihrer Not aufrichten konnte. Und immer wieder Sein Mut machendes: „Fürchtet euch nicht.“ Sie waren auch Zeugen Seines schrecklichen Endes, der Demütigungen, des Spottes, der Geißelung und letztlich Seines Todes am Kreuz.

Aber Er war auferstanden. Auch über diese Tatsache konnten sie berichten. Dann war Er aufgefahren in den Himmel zu Seinem geliebten Vater.

Doch Er hatte sie nicht verwaist zurückgelassen, als Er zu Seinem Vater zurückkehrte. Er sandte ihnen den Heiligen Geist, den Tröster, der sie in alle Wahrheit führen sollte. Dieser bewirkte, dass aus einem feigen und vorlauten Petrus ein mutiger, wahrhaftiger, sich nicht vor Tod und Teufel fürchtender Nachfolger Jesu wurde. Ihm wurde untersagt, von dem Nazarener zu sprechen, den man sich doch nun endlich vom Hals geschafft hatte. Man warf ihn ins Gefängnis, als er diesem Gebot nicht nachkam. Kaum wieder frei, konnte er nicht anders, „denn als wieder von Seinem Herrn, dem Herrn Jesus zu predigen“ (*Apostelgeschichte 4, 20*).

Was ist aus der ersten Gemeinde geworden? Sie wurde verfolgt, in alle Himmelsrichtungen vertrieben und hörte auch in der Diaspora nicht auf, die Worte Jesu zu verkündigen. „Ich kann nicht schweigen, von dem, was du getan hast.“

Von Beginn an wurde das reine Evangelium ständig bedroht durch die Gepflogenheiten der Einheimischen. Paulus, Petrus, Judas, Jakobus und Johannes hatten alle Hände voll zu tun, die Gläubigen immer wieder an die erste Liebe zu erinnern, die Jesus – und damit der Vater – für die Menschheit bewiesen und die sie zu Bürgern der himmlischen Heimat gemacht hatte.

Von allen Seiten versuchten sich Irrlehren einzuschleichen und die Gläubigen zu verwirren. Starke, ehrbare und treue Leiter waren in den Gemeinden Voraussetzung für das strikte Festhalten an der Frohen Botschaft.

Die *Apostelgeschichte* erwähnt zwei Philosophenschulen, die zu Zeiten der Missionsreisen des Paulus aufkamen und die beide der wahren Lehre Christi gefährlich wurden. Der Stoizismus und der Epikureismus.

Die Stoiker glaubten, dass ein gutes Leben darin besteht, Disziplin zu üben, also Selbstbeherrschung durch Selbstkontrolle, Selbstantrieb, Selbstständigkeit. Durch diese Haltung würde der Mensch in die Lage versetzt, Schmerz und Freude gleichgültig hinzunehmen und so zum inneren Frieden zu gelangen. Sie glaubten auch an einen Schöpfergott, der allerdings nicht in Interaktion mit dem Menschen tritt.

Die Epikureer hielten ein gutes Leben für den Sinn des Daseins eines Menschen. In ihrem Denken ähnelten sie frappierend dem heutigen Menschen. Zufriedenheit glaubten sie allein durch Vergnügungen zu finden. Jede Form von Lebenslust wurde als gut betrachtet. Gott oder Götter hatten in ihrer Vorstellung von Leben keinen Platz.

Die spätere katholische Kirche hing zunächst einmal der Lehre der Stoiker an.

Die griechische Philosophie fand großen Anklang bei den gebildeten Römern. Auch hier tat sich besonders der Stoizismus hervor, dessen Auswirkung ein nicht von unkontrollierbaren Emotionen hin und her geworfenes Leben war.

Die Geburt einer weltprägenden unbiblischen Kirche

Es dauerte nicht lange, nach intensiven Zersetzungsbemühungen durch den allgegenwärtigen Widersacher, bis ein Kaiser den Sachwaltern der reinen Lehre den Todesstoß versetzte.

Im Konzil zu Nicäa wurde unter Führung des römischen Kaisers Konstantin I. im Jahre 325 n. Chr. der Glaube an Jesus Christus, als den einzigen Weg zum Vater, vernichtend geschlagen.

Der Kaiser war sicher, dass er sein eben erst wiedervereintes Reich durch die Privilegierung der Christen stabilisieren konnte. Er selbst war kein Christ, sondern ein Sonnenanbeter. Doch er fand Wege, das eine mit dem anderen zu verknüpfen.

So machte er den Sonntag (der Tag der Sonne) zum verpflichtenden Feiertag. Lt. *Wikipedia* gab ihm diese Idee die Möglichkeit, zwei Religionen miteinander zu verquicken, den Mithraskult und das Christentum. „Alle Richter und Einwohner der Städte, auch die Arbeiter aller Künste, sollen am ehrwürdigen Tag der Sonne ruhen." Konstantin, selbst Anhänger und Verehrer von Sol, dem Sonnengott, der zur Zeit Konstantins mit dem Mithraskult verbunden wurde, konnte so, ohne Widerstände hervorzurufen, die Christen (die in vielen Gemeinden inzwischen am ersten Tag der Woche den Herrentag feierten) und die Jünger des Sol oder Mithraskultes zur Begehung des selben Tages verbindlich anhalten.

Die neuen Wochentage wurden eingeführt, die im deutschsprachigen Raum römischen Göttern geweiht wurden, Ausnahme ist der Mittwoch.

Die jüdische Woche heißt ganz einfach: 1., 2., 3., 4., 5. Tag, Rüsttag, Sabbat.

Die frühen Christen hielten den Sabbat ein, den von Gott eingesetzten heiligen Ruhetag, weil auch ihr Herr Jesus Christus diesen Tag heiligte.

„Gesetzliche Sonntagsruhe (nur in der Stadt), Festlegung eines Festkalenders (Weihnachten, Ostern). Der Geburtstag des Unbesiegten Sonnengottes zur Wintersonnenwende am 25. Dezember erscheint im Festkalender als Geburtstag Jesu" (*Das Christentum zur Zeit Kaiser Konstantins I. des Großen* [306 –337]).

„Nach den mosaischen Gesetzen muss zwingend der Sabbat als Tag Gottes gefeiert werden. Um sich vom Judentum abzugrenzen, bestimmten Kaiser Konstantin und Papst Silvester I. nach dem Ersten Konzil von Nicäa (325) gemeinsam den Sonntag als christlichen Ruhetag und verwarfen den Sabbat. Innerhalb der römisch-katholischen Kirche gilt für den Sonntag das Sonntagsgebot, das alle Gläubigen ab dem 7. Lebensjahr zur Teilnahme an der sonntäglichen Heiligen Messe verpflichtet" (*Wikipedia*).

Konstantin der Große ließ sich Pontifex maximus nennen.

Pontifex maximus war ursprünglich die Bezeichnung des obersten Wächters des altrömischen Götterkultes, der oberste Priester. Später wurde sie auch auf Kaiser und dann auf die Päpste ausgedehnt. In der römischen Religion gab es keine spirituelle oder emotionale Beziehung zu den Gottheiten. Diese waren genauso fehlerhaft und unzuverlässig wie die Menschen. Sie mussten durch Opfergaben milde gestimmt werden, wenn man ein Anliegen hatte. Es gab eine Vielzahl von Göttern, die zahlenmäßig noch anwuchsen, als sich die römische Gesellschaft anderen heidnischen Kulturen öffnete.

„Konstantin und die Glorifizierung des Klerus

Zwischen 313 und 325 n. Chr. musste das Christentum gegen das Römische Reich nicht mehr ums Überleben kämpfen, sondern konnte sich in der Sonne des Imperialismus, überhäuft mit Geld und Ansehen, aalen.

Christsein brachte unter der Regierung Konstantins keine Nachteile mehr mit sich. Es war sogar vorteilhaft, Christ zu sein, und schick war es, zur Religion des Kaisers zu gehören. Teil des Klerus zu sein bedeutete gleichzeitig auch, die größten Vorteile zu haben.

Dem Klerus wurden die gleichen Ehren zuteil wie den höchsten römischen Funktionären und sogar wie dem Kaiser persönlich. Ja, Konstantin gab den Bischöfen von Rom sogar mehr Macht als den römischen Statthaltern. Er gab auch Anweisung, dass der Klerus feste jährliche finanzielle Leistungen (Dienstgehalt) erhalten sollte.

Im Jahr 313 n. Chr. befreite er christliche Geistliche von der Steuer – ein Vorzug, den heidnische Priester traditionell genossen. Er befreite sie auch von obligatorischen Ämtern und anderen Bürgerpflichten. Sie wurden nicht vor weltliche Gerichte gestellt und waren vom Dienst in der Armee befreit. (Bischöfe konnten nur vor ein Bischofsgericht gestellt werden.)

In all dem erhielt der Klerus einen besonderen gesellschaftlichen Status. Konstantin benutzte als Erster die Begriffe „klerikal“ und „Kleriker“, um damit auf eine höhere gesellschaftliche Klasse zu verweisen. …

Die Bilanz war erschreckend: Der Klerus verfügte über das Prestige eines Amtsinhabers, die Privilegien einer begünstigten Gesellschaftsklasse und die Macht einer wohlhabenden Elite. …“ (*Die Entstehung des Amtes des Pfarrers/Pastors Teil 4* aus: *Heidnisches Christentum*).

„Im Verlauf der Kaiserzeit hatte sich die Siebentagewoche durchgesetzt, in welcher der Tag des Saturn – unser Samstag – zum Ruhetag geworden war. Mit der Verbreitung des Sonnengottes als zentraler Gottheit begann der ‚Tag der Sonne‘ den ‚Tag des Saturn‘ zu verdrängen.“ *Das Christentum zur Zeit Kaiser Konstantins I. des Großen* (306–337) Geschichtsverein Koengen.de.

Konstantin der Große verhalf den Anhängern der mystischen Lehre mit der Eucharistiefeier, ihren Kult zu bewahren und gleichzeitig dem Klerus den Machterhalt zu sichern. Mit der „Wandlung“ geschieht nach römisch-katholischer Lehre der geheimnisvolle Austausch von Brot und Wein in den tatsächlichen Leib und das reale Blut Jesu. Dieses Ritual kann natürlich nur der Personenkreis vollziehen, der dafür geweiht wurde.

Damit wird Jesus immer und immer wieder geopfert. Das zeigt auch das Kruzifix, an dem Jesus noch immer hängt.

Doch was sagt das Wort Gottes dazu? „Denn Christus ist nicht eingegangen in das Heiligtum, das mit Händen gemacht ist, welches ist ein Gegenbild des wahrhaftigen, sondern in den Himmel selbst, um jetzt zu erscheinen vor dem Angesicht Gottes für uns; auch nicht, damit er sich oftmals opfere, wie der Hohepriester alle Jahre mit fremdem Blut in das Heiligtum geht; sonst hätte er oft leiden müssen von Anfang der Welt an. Nun aber, am Ende der Welt, ist er einmal erschienen, um durch sein eigenes Opfer die Sünde aufzuheben. Und wie der Mensch gesetzt ist, einmal zu sterben, danach aber das Gericht; so ist Christus einmal geopfert, die Sünden vieler wegzunehmen; zum zweiten Mal wird er ohne Sünde erscheinen denen, die auf ihn warten, zum Heil" (*Hebr. 9, 24–25*).

Die römisch-katholische Kirche begründet ihre Legitimation Vermittlerin zwischen den Menschen und Gott zu sein mit der Bibelstelle in *Matthäus 16, 18*: „Und ich sage dir auch: Du bist Petrus, und auf diesen Felsen will ich meine Gemeinde bauen, und die Pforten der Hölle sollen sie nicht überwältigen."

Dieser Stelle geht aber noch etwas voraus.

„Da kam Jesus in die Gegend von Cäsarea Philippi und fragte seine Jünger und sprach: Wer sagen die Leute, dass der Menschensohn sei?

Sie sprachen: Einige sagen, du seist Johannes der Täufer, andere, du seist Elia, wieder andere, du seist Jeremia oder einer der Propheten.

Er fragte sie: Wer sagt denn ihr, dass ich sei?

Da antwortete Simon Petrus und sprach: Du bist Christus, des lebendigen Gottes Sohn!

Und Jesus antwortete und sprach zu ihm: Selig bist du, Simon, Jonas Sohn; denn Fleisch und Blut haben dir das nicht offenbart, sondern mein Vater im Himmel. Und ich sage dir auch: Du bist Petrus, und auf diesen Felsen will ich meine Gemeinde bauen, und die Pforten der Hölle sollen sie nicht überwältigen" (*Matthäus 16, 13–18*).

Der Glaube daran, dass Jesus Christus der Sohn des lebendigen Gottes ist, ist der Grundstein oder der Fels auf dem Jesus Gemeinde gegründet wird.

Nicht Petrus ist der Fels (Petrus bedeutet kleiner Stein), auf den sich die Nachfolger Jesu berufen werden, sondern auf Jesus Christus, den Sohn des lebendigen Gottes.

Um den Heiden die Annahme des römisch-katholischen Glaubens zu erleichtern, wurden Götter durch Heilige ersetzt.

Die Bibel lehrt nicht, dass Menschen als Heilige verehrt werden sollen. Im Gegenteil.

Ein junger Mann kommt zu Jesus und spricht ihn folgendermaßen an: „Guter Meister." Darauf antwortet Jesus: „Was heißest du mich gut? Niemand ist gut als einer allein, Gott" (*Mark. 10, 18.*).

Nicht einmal Jesus, immerhin Gottes Sohn, ließ sich gut nennen. Wie viel weniger kann man einen Menschen als heilig verehren? In *Lukas 17, 7–10* steht: „Wer unter euch, der einen Knecht hat, der pflügt oder das Vieh weidet, wird zu ihm, wenn er heimkommt vom Felde, sagen: Komm sogleich her und setz dich zu Tisch? Ist's nicht vielmehr so, dass er zu ihm sagt: Richte zu, was ich zu Abend esse, gürte dich und diene mir, bis ich gegessen und getrunken habe; danach sollst du auch essen und trinken? Dankt er auch dem Knecht, dass er getan hat, was ihm befohlen war? Ich meine es nicht. So auch ihr, wenn ihr alles getan habt, was euch befohlen ist, so sprechet: Wir sind unnütze Knechte; wir haben getan, was wir zu tun schuldig waren."

Im Wort steht, dass wir einander lieben sollen. Von Verehrung von Menschen steht dort nichts. Wenn wir uns zu Jesus Christus bekennen, selbst wenn wir dafür leiden und sterben müssten, täten wir einfach nur das, was uns befohlen ist.

Die Verzerrung des Wortes Gottes stellt mit der Marienverehrung einen weiteren Höhepunkt dar. Sie nahm ihren Anfang mit dem Konzil in Ephesus im Jahre 431. Dort erhielt sie den Beinamen Gottesmutter oder Gottesgebärerin. Sie soll Mittlerin sein zwischen Jesus und uns. Nirgendwo ist in der Bibel eine solche Erhöhung von Maria, der Mutter Jesu, zu finden. Und wieder verweise ich auf die Heilige Schrift. „Denn es ist ein Gott und ein Mittler zwischen Gott und den Menschen, nämlich der Mensch Christus Jesus" (*1. Tim. 2, 5.*).

Seit dem 6. Jahrhundert wurde in der römisch-katholischen und den orthodoxen Kirchen die Legende eingeführt, dass Maria, die Mutter Jesu, ebenfalls, wie ihr Sohn, eine Himmelfahrt erlebt hat. Im Jahr 1950 wurde diese Himmelfahrt Marias als Dogma in der katholischen Kirchenlehre verankert.

Nicht bibeltreu ist auch ein weiteres Dogma, in dem der Gedanke, dass schon Maria ohne den Makel der Erbsünde geboren wurde, als Tatsache festgeschrieben wurde. Nun wird dieses Ereignis jährlich wiederkehrend am 8. Dezember begangen. Das Hochfest ist in einigen europäischen Ländern ein gesetzlicher Feiertag – und wird besonders im Bistum Rom gefeiert. Immerhin hat diese, Maria so extrem aufwertende Annahme bis zum 18. Jahrhundert gebraucht, bis sie in der katholischen Lehre festgeschrieben wurde.

Die Kirche baut ihre Machtposition aus

Warum stellte sich die „Mutter Kirche" wie sie sich selber nannte, die römisch-katholische Kirche, gegen das Wort Gottes? Was versprachen sich die Anhänger einer Lehre, die mit dem Evangelium Jesu kaum noch etwas zu tun hatte, von dieser Ausrichtung? Natürlich ging es auch in diesem Fall um Macht, Geld und Ansehen.

Durch die mystischen Anklänge an das Heidentum konnten so Menschen für die Kirche gewonnen werden, die das einfache Evangelium von Jesus Christus nicht gereizt hätte, sich dieser Gemeinschaft anzuschließen.

Die Idee hinter diesen unbiblischen Lehren und Ritualen bestand darin, dass ein Gemisch von konservativer Theologie, mystischen Ritualen, frommen Legenden von tapferen und gottesfürchtigen und vor allem humanen Menschen, die dann zu Heiligen stilisiert wurden, die Anzahl der Kirchenanhänger vervielfältigen und die Kirche dadurch eine beeindruckende Ausbreitung erfahren würde. Daraus entstand notwendigerweise ein Herrschaftsanspruch und die angeblich unumgängliche Vermittlertätigkeit, die nur dem Klerus vorbehalten war und eine hohe Machtposition auch der säkularen Welt gegenüber.

Mittels der viele Jahre immer wieder angedachten Einführung des Zölibats die dann 1023 nach immerhin ungefähr 700 Jahren Gesetz wurde, verschaffte sich die katholische Kirche ein unglaubliches Vermögen.

Nun waren nicht mehr die eigene Frau und Kinder die Erben des vorhandenen Vermögens der Priester. Ganz automatisch fiel ihr Besitz an die „Mutter Kirche".

Außerdem erhielt die Kirche durch die strikte Kontrolle der Einhaltung des Zölibatgebotes eine ungeheure Macht über die Priesterschaft. Es wird in den verschiedenen Berichten aus dieser Zeit von unvorstellbarem Leid erzählt, das plötzlich Ehen und Familien betraf.

Mit einem Federstrich wurden Frauen zu rechtlosen Huren und Kinder zu unversorgten Halbwaisen. Es kam zu vielen Selbsttötungen von Männern, die der römisch-katholischen Kirche dienten.

„‚Oberhaupt der katholischen Kirche', ‚Bischof von Rom', ‚Primas von Italien', ‚Höchster Pontifex der Universalkirche' oder ‚Servus Servorum', was so viel heißt wie ‚Knecht der Knechte' oder ‚Gottesdiener'. Dies alles sind Bezeichnungen, die dem Papst in seinem Amt zugerechnet werden. Der Titel ‚Papst' (vom lateinischen papa = Vater) war ursprünglich eine Ehrenbezeichnung für Kirchenmänner. Erst seit Gregor I (590–504) wird der Titel für das Oberhaupt der katholischen Kirche verwendet. Die katholische Kirche glaubt, dass der Apostel Petrus der erste Bischof von Rom war. Der Papst ist sein Nachfolger und der Stellvertreter Jesus Christus auf der Erde" (*Focus-online, 17.9.2014*).

Mit Amt und Würden und höchster Achtung, auch aus der säkularen Welt, mit größten Befugnissen und Macht ausgestattete Oberhäupter der „einzigen, allein seligmachenden Kirche" regierten und regieren sie bis heute in prunkvollen Gewändern, mit kostbaren Edelsteinen geschmückt. Sie nehmen Unfehlbarkeit für sich in Anspruch und lassen sich hofieren.

Im Gegensatz hierzu wurden die wirklichen Nachfolger Jesu ermordet, gequält, verspottet. Ihnen wurden ihr Eigentum und ihre Familien entzogen. Sie wurden in finstere Verliese gesperrt und von Löwen zerrissen. Sie waren dieser Welt feind. Man traf sich mit ihnen, wenn überhaupt, nur im Dunkeln.

Dies bestätigt auch der Hebräerbrief: „Frauen erhielten ihre Toten durch Auferstehung wieder; andere aber wurden gefoltert, da sie die Befreiung nicht annahmen, um eine bessere Auferstehung zu erlangen.

Andere aber wurden durch Verhöhnung und Geißelung versucht, dazu durch Fesseln und Gefängnis.

Sie wurden gesteinigt, verbrannt, zersägt, starben den Tod durch das Schwert, gingen umher in Schafpelzen, in Ziegenfellen, hatten Mangel, Drangsal, Ungemach.

Sie, deren die Welt nicht wert war, irrten umher in Wüsten und Gebirgen und Höhlen und den Klüften der Erde" (*Hebräer 11, 35–38*).

Und doch, so seltsam es auch in Anbetracht der Verfolgung, der sie ausgesetzt waren, erscheinen mag, sprach man selten schlecht über sie. Ihre Duldsamkeit, ihre Freundlichkeit und Güte, ihr Fleiß und ihre Zuverlässigkeit wurden in der heidnischen Welt bestaunt.

„Die römisch-katholische Kirche versteht sich gemeinsam mit den orthodoxen Kirchen als die Kirche Jesu Christi in ungebrochener geschichtlicher Kontinuität seit dem 50. Tag nach der Auferstehung (Pfingsttag), an dem gemäß dem Neuen Testament der Heilige Geist über die Apostel kam". Wikipedia (*Geschichte der römisch-katholischen Kirche*).

Sie erhebt den Anspruch, Mittlerin zwischen Gott und für jeden Menschen unabdingbar zu sein, um ewiges Leben bei Gott zu erlangen.

Die Entwicklung, der Reichtum und der Zustand dieser Kirche und der Hoheitsanspruch ihrer Repräsentanten verglichen mit der Bescheidenheit Jesu, macht deutlich, dass sie so gut wie nichts miteinander zu tun haben.

Jesus kam auf die Erde, um den Menschen von Gott zu erzählen und Ihn mit ihnen zu versöhnen. Er allein hat durch Seinen Kreuzestod die Autorität, Mittler zwischen Gott und den Menschen zu sein. Die Kirche sieht es anders:

„Gestützt auf die Heilige Schrift und die Überlieferung lehrt [das Konzil], dass diese pilgernde Kirche zum Heile notwendig sei. Der eine Christus nämlich ist Mittler und Weg zum Heil, der in seinem Leib, der die Kirche ist, uns gegenwärtig wird; indem er aber selbst mit ausdrücklichen Worten die Notwendigkeit des Glaubens und der Taufe betont hat, hat er zugleich die Notwendigkeit der Kirche, in die Menschen durch die Taufe wie durch eine Tür eintreten, bekräftigt. Darum können jene Menschen nicht gerettet werden, die sehr wohl wissen, dass die katholische Kirche von Gott durch Jesus Christus als eine notwendige gegründet wurde, jedoch nicht in sie eintreten oder in ihr ausharren wollen". (*Katechismus der Katholische Kirche, Punkt 846*).

Die Kirchen, zuerst die römisch-katholische, dann aber auch die evangelische sind zu Verrätern geworden an dem geistigen Reichtum und der Reinheit der Lehre Jesu Christi, die unter großen Opfern und Mühen von der Urgemeinde verteidigt wurden.

Im Auftrag des Klerus der katholischen Kirche wurden Menschen in den Bann getan, gefoltert und dadurch zu Eingeständnissen gezwungen, die zu ihrer Hinrichtung führten.

Die Grausamkeiten, die da ausgedacht wurden, können nur teuflischen Gehirnen entsprungen sein. Den Ärmsten wurden Lasten auferlegt, die die Herren nicht tragen konnten. Die katholische Kirche führte das Fegefeuer ein, damit den Menschen mit diesem Argument das Geld aus der Tasche gezogen werden konnte. „Sobald das Geld im Kasten klingt, die Seele aus dem Fegefeuer in den Himmel springt." Der Petersdom in Rom wurde so durch Menschen finanziert, die sich den Pfennig vom Mund absparen mussten.

Da gab es keine Gnade oder Barmherzigkeit. Ein Teil des so abgepressten Geldes wurde für den sakralen Bau und der andere Teil für die jeweiligen Bistümer und den Ablassprediger verwendet.

Wie soll auf so einer verdorbenen Kirche und ihren Geschäften der Segen Gottes ruhen?

Reformation – Umkehr zur Urgemeinde?

Luther prägte folgende Begriffe:

Sola Scriptura: Allein durch die Schrift – sie ist die einzige Autorität für den Glauben der Nachfolger Jesu. Die Bibel allein ist komplett und Gebrauchsanweisung des Höchsten für unser Leben. Zusätzliche Schriften und Traditionen sind nicht nur nicht hilfreich, sondern sogar schädlich. „Alle Schrift ist von Gott eingegeben und nützlich zur Lehre, zur Überführung, zur Zurechtweisung, zur Unterweisung in der Gerechtigkeit ...“ (*2. Timotheus 3,16*).

Sola Gratia: Allein durch Gnade – Wir sind gerechtfertigt durch Gnade allein und können durch unser gutes Verhalten nichts zu unserer Rettung hinzutun.

„Denn aus Gnade seid ihr gerettet worden durch den Glauben, und das nicht aus euch: Gottes Gabe ist es, nicht aus Werken, damit sich nicht jemand rühme.“ (*Eph. 2, 8+9*).

Sola fide: Allein der Glaube – Nichts anderes kann uns retten, als allein der Glaube an Jesus Christus, als den Sohn des Allerhöchsten und den Gekreuzigten und Auf-erstandenen.

„So halten wir nun dafür, dass der Mensch gerecht wird ohne des Gesetzes Werke, allein durch den Glauben“ (*Röm. 3, 28*).

Solus Christus: Allein durch Christus – es gibt keinen anderen Weg sieht er noch so verlockend aus, der uns zum Vater bringen kann.

„Denn es ist ein Gott und ein Mittler zwischen Gott und den Menschen, nämlich der Mensch Jesus Christus, der sich selbst gegeben hat als Lösegeld für alle, dass solches zu seiner Zeit bezeugt werde“ (*1. Tim. 2, 5+6*).

Soli Deo Gloria: Jesu Opfer allein hat uns aus der Macht des Todes befreit. Danke dafür.

„Denn von ihm und durch ihn und zu ihm sind alle Dinge. Ihm sei Ehre in Ewigkeit! Amen“ (*Röm. 11, 36*).

Luther kommt ein großer Dank zu; denn er hat, trotz massiver Widerstände, die Praktiken der römisch-katholischen Kirche angeprangert und den Finger in die Wunden gelegt.

Er bezeichnete den Papst als Antichrist. Wie kann ein Mensch auch von sich behaupten, „Heiliger Vater“ oder Stellvertreter Jesu auf Erden zu sein?

„Ihr sollt auch nicht jemanden auf der Erde euren Vater nennen; denn einer ist euer Vater, nämlich der im Himmel“ (*Mat. 23, 9*).

Die reiche katholische Kirche nimmt es hin, dass 800 Millionen Menschen hungern und noch viel mehr bitterste Armut erleiden. Es müsste keine Armut auf der Welt geben, wenn alle, die für sich Humanismus und Nächstenliebe reklamieren, abgäben, was sie nicht selbst unbedingt zum Leben brauchen.

Leider wurde der gute Anfang, den Luther gemacht hat, durch die Übersetzung der Bibel ins Deutsche – endlich konnten die Schäfchen lesen, was in dem Wort Gottes wirklich stand – und der Anprangerung und Verurteilung der

Machenschaften des römisch-katholischen Klerus teilweise von Luther selbst und danach von seinen Nachfolgern wieder zunichtegemacht.

Zum Beispiel ließ er die Kindstaufe wieder praktizieren, die er einmal als unbiblisch verworfen hatte. Er übernahm die Liturgien, die Ausschmückung der Kirchenräume, und auch die Kleidung der Theologen hob sich deutlich von der des gemeinen Volkes ab. Es gab eine Kanzel, von der herab der Pastor seine Vorrangstellung gegenüber den Laien repräsentierte. Auch in der lutherischen Kirche gab es eine Hierarchie, obwohl Luther doch wusste, nachdem er die Schrift studiert hatte, dass Gott alle Gläubigen zu einem königlichen Priestertum berufen hatte.

Was hat die heutige evangelische Kirche aus ihrem Erbe gemacht? Schon zu Luthers Zeiten galt sola scriptura nicht mehr. Der Katechismus ist ein wichtiger Bestandteil des katholischen Schrifttums und wurde auch für die Evangelischen zu großen Teilen übernommen. Er heißt nun „Der kleine Katechismus.

Inzwischen haben sich viele Pastore die Bibel so ausgelegt, wie es für sie am günstigsten ist. Da werden Homosexuelle nicht nur gesegnet, sondern auch kirchlich getraut, da darf eine ehemalige Bischöfin sagen, dass die Geschichten der Bibel nicht wörtlich zu verstehen sind, sondern dem Umstand Rechnung getragen werden muss, dass die Menschen, die damals mit Jesus gelebt haben, ihn sehr glorifizierten und die Wissenschaft heutzutage die Unmöglichkeit vieler angeblicher Wunder beweisen könne. Imame dürfen in evangelischen Kirchen ihre Suren herunterbeten und tibetanische „Gottheiten“ sind bei uns herzlich willkommen.

Wo ist es geblieben, das Wort, das so viel Unmut erregt, das aber die absolute Wahrheit und unumstößlich ist: „Jesus spricht: Ich bin der Weg und die Wahrheit und das Leben. Niemand kommt zum Vater denn nur durch mich!“

Wir brauchen den lauten Ruf nach Umkehr, nach Buße! Warum sollte jemand darüber nachdenken, ob er ein Sünder ist oder nicht, wenn es doch gar keine Auswirkungen hat, ob man so oder so gelebt hat. Wenn einem das Himmelreich nach dem Tod auf alle Fälle sicher ist!

In der evangelischen Kirche wird das Glaubensbekenntnis auch gesprochen, immer wieder in den Gottesdiensten. Da heißt es doch:

„Ich glaube an Gott, den Vater, den Allmächtigen, den Schöpfer des Himmels und der Erde.

Und an Jesus Christus, seinen eingeboren Sohn, unseren Herrn, empfangen durch den Heiligen Geist, geboren von der Jungfrau Maria, gelitten unter Pontius Pilatus, gekreuzigt, gestorben und begraben, hinabgestiegen in das Reich des Todes, am dritten Tage auferstanden von den Toten, aufgefahren in den Himmel; er sitzt zur Rechten Gottes, des allmächtigen Vaters; von dort wird er kommen, zu richten die Lebenden und die Toten.

Ich glaube an den Heiligen Geist, eine heilige christliche Kirche, Gemeinschaft der Heiligen, Vergebung der Sünden, Auferstehung der Toten und das ewige Leben.“

Wenn er wieder kommen wird, der Stein des Anstoßes, wenn er wiederkommen wird, zu richten die Lebenden und die Toten –?

Was wird dann sein?

Mich erschüttert, dass viele Menschen sich zwar Sorgen um heute, um morgen, um viele Jahre machen, ihnen aber ihre Zukunft, die nach dem Tod beginnt, scheinbar völlig egal ist. Man kann niemand zu seinem „Glück" zwingen, und das ist auch nicht mein Bestreben. Aber ist es nicht klug, die Möglichkeit eines Himmels und einer Hölle zu berücksichtigen?

Keiner muss daran glauben. Niemand kann einem anderen vorschreiben, Jesus, den Sohn des lebendigen Gottes, als seinen Retter anzunehmen. Niemand ist gezwungen, an Gericht und Verdammnis zu glauben. Jeder kann doch glauben, was er will. In unserem Land gilt die Religionsfreiheit, wobei Religion mit Glauben nichts zu tun hat. Was hindert die Menschen daran, davon auszugehen, dass nach dem Tod nichts kommt? Oder, dass wir alle, alle, alle in den Himmel kommen, weil wir so brav sind! Wir dürfen uns auch vorstellen, dass wir reinkarnieren und, wie mir einmal jemand gesagt hat, als Gänseblümchen wieder auf die Erde kommen. Wir sind überhaupt nicht verpflichtet, uns um Gott, Seinen Sohn, die Bibel, unsere Sünden oder um Buße zu scheren. Lasst uns doch mit den Atheisten fröhlich und guter Dinge sein, unsere Laune nicht dadurch verderben, dass wir uns um das Leben nach dem Tode kümmern. Wenn's gar keins gibt, haben wir uns umsonst Sorgen gemacht.

Wir wollen jetzt unser Leben genießen. Wir wollen jetzt die Feste feiern, wie sie fallen.

Und wenn uns gar nicht so zu Mute ist – wenn sich doch ab und zu der Gedanke einschleicht – und wenn die Sache mit Jesus doch stimmt – was passiert dann mit mir nach meinem Tod? Wenn so eine Idee auftaucht, dann gibt es doch Mittel und Wege, diese Stimme zu übertönen. Da gibt es Drogen, Alkohol, Sex, Spiele, Discos, Fernsehen und so viele andere Varianten. Schon mal darüber nachgedacht, dass sie alle zur Sucht führen? Wir sollten über den Tod gar nicht so viel nachdenken. Wie sagen die Rheinländer: Et kütt wie et kütt. Et hät noch immer jot jejange!

Ich möchte nicht ironisch werden, ich möchte nicht spotten. Die Angelegenheit ist viel zu ernst, als dass man Späßchen damit machen sollte. Doch oft stehe ich da und denke mir, sie könnten es alle wissen. In Deutschland kann doch jeder lesen oder sich vorlesen lassen. Und gerade die Theologen, egal ob aus der katholischen oder evangelischen Ecke müssten es wissen! Und sie haben die Pflicht, den Menschen die ganze Wahrheit zu sagen und sie nicht in falscher Sicherheit zu wiegen. Es gibt für uns doch gar keine Alternative, um unsere Zukunft, die über den Tod hinausgeht, zu klären. Es geht doch nur mit Ihm.

Was passiert, wenn Er plötzlich „wie ein Dieb in der Nacht“ auf der Erde erscheint? Im Wort steht: „ Darum hat ihn auch Gott erhöht und hat ihm einen Namen gegeben, der über alle Namen ist, dass in dem Namen Jesu sich beugen aller derer Knie, die im Himmel und auf Erden und unter der Erde sind, und alle Zungen bekennen sollen, dass Jesus Christus der HERR sei, zur Ehre Gottes, des Vaters“ (*Philipper 2, 9+10*).

„Und wie es war in den Tagen Noahs, so wird es sein in den Tagen des Sohnes des Menschen. Sie aßen, sie tranken, sie freiten, sie ließen sich freien bis auf den Tag, da Noah in den Kasten ging, und die Flut kam und alle vernichtete. Ebenso wie es geschah in den Tagen Lots; sie aßen, sie tranken, sie kauften, sie verkauften, sie pflanzten, sie bauten; an dem Tage aber, da Lot auszog von Sodom, regnete es Feuer und Schwefel vom Himmel, und vernichtete alle. Gerade so wird es sein an dem Tage, da der Sohn des Menschen geoffenbart wird" (*Luk. 17, 26–30*).

Gott leugnen hilft nicht

Es stimmt, zu allen Zeiten wurde versucht, die Menschen durch Ablenkungsmanöver dahin zu manipulieren, dass sie sich mit Gott und Seiner Herrlichkeit nicht auseinandersetzen mussten. Es gab Amüsanteres. Und ich bin sicher, dass diese Hintertreibung des Glaubens heute intensiver geschieht, als zu früheren Zeiten.

Wir haben uns immer mehr abgewendet von Gott, von unserem Erschaffer. Doch wenn wir uns abwenden, können wir ihn nicht mehr wahrnehmen. Ich habe festgestellt, dass mich, als ich versucht habe, ohne Gott zu leben, keine Vogelstimmen, nicht der Duft von Blumen, nicht die überwältigende Zahl der Sterne, noch all die Wunder, die auch heute noch geschehen, beeindruckt haben. Ich nahm sie nicht wahr.

Im Laufe von Jahrtausenden sind wir immer mehr der irrigen Vorstellung erlegen, dass wir Gott nicht brauchen, sondern selber alles bewerkstelligen können. Hört man da nicht das Flüstern: „Ihr werdet sein wie Gott.“?

Wir können beim besten Willen nicht mehr übersehen, dass alle unsere Bemühungen, die Welt besser, schöner, friedlicher, vollkommener zu machen mit einem großen Krachen gescheitert sind. Wir haben Kriege überall auf der Welt. Entsetzen und Angst erfüllt die Herzen der Menschen. Dunkelheit senkt sich hernieder auf die Erde. Wir können die Schönheiten, die der HERR zu unserer Freude und Erbauung geschaffen hat, nicht mehr sehen. Wo ist Liebe – Liebe, die dieser Bezeichnung würdig ist? Wer gibt sein Leben für Andere? Wer vergisst sich selbst bei allem, was er tut?

Am Ende der Zeit wird die Liebe in vielen erkalten

Menschen sind dümmer als Tiere. Brutal und verbrecherisch gehen sie miteinander um und rotten sich gegenseitig aus, haben nur ihren Vorteil im Auge, interessieren sich nicht mehr für die Bedürfnisse des anderen.

Natürlich gibt es dazu auch einen Spruch in der Welt „Jeder für sich, Gott für uns alle." Hochmütig und ignorant setzen wir uns über alles hinweg, was Seinen Willen ausmacht.

Brav beten wir sonntags „dein Wille geschehe". Heuchelei, Blasphemie! Wer sind wir, dass wir uns das erlauben können? Wenn Gott Gerechtigkeit anwenden würde, müsste Er uns alle vernichten. Aber Gott ist Liebe, und Er liebt die, die Er geschaffen hat und lässt immer noch Gnade walten, obwohl wir Seine Geduld außerordentlich strapazieren.

Doch eines Tage ist die Zeit der Barmherzigkeit vorbei, dann hilft kein „dann Gnade uns Gott" mehr, dann wird Er Sein Urteil für einen jeden gerecht fällen, dann bekommt ein jeder seinen wohlverdienten Lohn. Und Gott übersieht nichts und vergisst nichts.

Aber bis dahin gilt: „Wer böse ist, der sei fernerhin böse, und wer unrein ist, der sei fernerhin unrein; aber wer fromm ist, der sei fernerhin fromm, und wer heilig ist, der sei fernerhin heilig. Siehe, ich komme bald und mein Lohn mit mir, zu geben einem jeglichen, wie seine Werke sein werden" (*Offenbarung 22, 11*).

Seitdem die Welt ihrem Gott den Rücken zugekehrt hat, nimmt das Böse ungeheure Ausmaße an. Die Gesetzlosigkeit greift um sich. Was gestern noch strengstens verboten war, ist heute an der Tagesordnung. Die Bibel ist nicht mehr unsere Richtschnur, und wie sie sagt, nimmt der Wildwuchs zu. Sie sagt, am Ende der Zeit wird die Liebe in vielen erkalten. – Ist es nicht schon so?

Wir bilden uns ein, beurteilen zu können, was gut und was böse ist. Als ich noch kein Nachfolger Jesu war, habe ich mir auch meine eigenen Gebote gemacht. Ich teilte ein in noch akzeptabel und in unmöglich. Selbst die Menschen, denen die Gebote wichtig sind, scheitern schon am ersten. Und wenn man schon beim ersten versagt, wie will man da wirklich Gott gefällig leben?

Das war ja auch das große Problem der Juden. Sie versuchten immer wieder und wieder, die Gesetze einzuhalten. Sie machten zu dem, was Gott ihnen gesagt hatte, noch dazu. Damit verfingen sie sich in ihren eigenen Schlingen. Und doch war die Triebfeder hinter dem allen, dass sie Gott gefallen wollten. Durch die Versklavung unter ihre uneinhaltbaren Gesetze beabsichtigten sie, Gott zu überzeugen, dass Er sie gar nicht verwerfen konnte. Doch welchem Gottesbild dienten sie? Es war der gerechte Gott, der strafende, der keine Sünde durchgehen ließ. Dem man opfern musste, um Ihn zu besänftigen, dem man widerspruchs- und bedingungslos gehorchen musste. Ein Despot.

Es gibt nichts Neues unter der Sonne – die Vorstellung, wie Gott ist, hat sich bis heute kaum verändert und hat auch auf das Christentum übergegriffen. Wie viele Bittsteller und Vermittler benötigen wir, um Gott gnädig zu stimmen, und dann wissen wir noch nicht einmal, ob es ausreichend ist. Wer sagt uns, wohin wir kommen, wenn das Leben hier auf

Erden beendet ist? Himmel oder Hölle oder Fegefeuer? Beten wir wirklich oft genug, gehen wir oft genug in die Kirche? Sind wir gut genug?

Und wem das alles zu viel wird, schickt diese Sache mit Gott und Jesus in das Land der Fantasie. Es gibt viele Argumente, um mit dieser Meinung zu punkten. Welcher Vater lässt seinen Sohn schon am Kreuz verbluten? Er muss hartherzig und grausam sein.

Klar, Sein Volk ist durch das Meer gegangen, trockenen Fußes, ja sicher, und dieser Jesus läuft übers Wasser. Jesus stirbt für die Sünden der Welt, warum? Kann die Welt nicht für ihre Sünden selber gerade stehen? Und die Sache mit der Jungfrauengeburt. Da kommt der Heilige Geist ja wie gerufen, um sie nicht der Untreue gegenüber dem armen, etwas naiven Joseph zu überführen.

Ich will mit diesen Ammenmärchen nichts zu tun haben. Wir sind doch nicht mehr in der Zeit, als dieser Jesus in Israel herumgelaufen ist. Wir wissen doch Bescheid. Schließlich haben wir die Zeit der Aufklärung hinter uns. Wer immer noch für möglich hält, dass es diesen Gott und Seinen Sohn gibt, dem ist nicht mehr zu helfen. Der ist irgendwo in den Kinderschuhen stecken geblieben.

In welches Wortkleid soll ich meine Empfindungen hüllen? Wie kann ich mitteilen, was mich so sehr bewegt? Es ist ein Kaleidoskop von Gefühlen. Trauer über Verlorenes, Entsetzen über Gegenwärtiges, Hoffnung auf Zukünftiges.

Was ist aus einer Welt geworden, die wie ein Wirbel sich immer enger um sich selber dreht? Wir haben Gott verloren – wir haben damit alles verloren, was Menschlichkeit und gleichermaßen Göttlichkeit ausmacht. Wir haben unsere Werte verloren, diese kostbaren, wie Zuverlässigkeit, Zusammengehörigkeit, Nächstenliebe (die zur Zeit so sehr strapazierte Vokabel, mit der unser Untergang verschleiert wird), Familiensinn, Freiheit, Freude, Arbeitswillen, Pünktlichkeit und so viele andere.

Was haben wir uns dafür eingehandelt? Das Misstrauen gedeiht wie Unkraut. Man will es eigentlich nicht, aber man wird seiner nicht mehr Herr. Wem kann man noch etwas glauben?

Bin ich immer aufrichtig, wenn ich versuche, meine Ziele zu erreichen? Lasse ich da nicht schnell auch mal Fünfe gerade sein?

Doch damit tragen wir allenthalben Unsicherheit mit uns herum. Wir wissen nicht mehr, was wirklich ist. Ob es die Nachrichten sind, die uns falsche Bilder vorgaukeln, um unsere Meinungen zu manipulieren, oder unsere Politiker, die offen zugeben, wie Frau Merkel – O-Ton: „Man kann sich nicht darauf verlassen, dass das, was vor den Wahlen gesagt wird, nach den Wahlen auch gilt."

Wir werden täglich über die sich tatsächlich in der Welt abspielenden Ereignisse getäuscht. Leichtgläubig, weil wir es ja gar nicht kontrollieren und Wahrheit und Lüge nicht voneinander unterscheiden können, schlucken wir, was uns schon vorgekaut serviert wird.

Wir sehen die Strippenzieher im Hintergrund nicht, diese grauen Eminenzen, die sich anmaßen, unser Schicksal in ihre Hand zu nehmen und mit uns zu spielen – nicht als ihre Gegner, sondern als ihre Spielklötzchen, ihre Bauernopfer. Und wir begehren nicht dagegen auf – wozu auch, uns wird ihre Macht täglich vor Augen geführt. Sie „teilen und herrschen“. Sie geben uns „Brot und Spiele“ und betäuben uns damit.

Wie haben sich all diese Manipulationsstrategien lautlos und fast unsichtbar in unsere Gesellschaft eingeschlichen, dann nach und nach Besitz von uns ergriffen.

Vielleicht haben wir an irgendeinem Punkt noch Widerstand gespürt, tief in uns, ohne wirklich zu opponieren. Und inzwischen haben sie uns dahin entwickelt, dass wir den Verbiegungen zustimmen und sie sogar befürworten. Wir sitzen in dem goldenen, geräumigen Käfig. Und selbst wenn uns jemand die Tür aufmachen würde, würden wir nicht mehr hinaus wollen. Wir haben Angst vor der Freiheit. Uns wurde immer wieder die Angst vor dem Fremden, vor „da draußen“, vor einander eingeimpft.

Und nun stehen wir völlig isoliert da, sind fest davon überzeugt, dass wir von anderen keine Hilfe erwarten und allein nichts ausrichten können.

Die Aufklärung und unser Wohlstand haben uns die Beziehung zu Gott gestohlen.

Das feste Fundament des Glaubens hat erst Risse bekommen und ist dann völlig zusammen gebrochen. Wir haben unseren guten Hirten verloren, unseren liebenden Vater, Ihn, bei dem wir Geborgenheit und Wärme finden konnten. Er, zu dem wir schreien konnten, wenn die Not so groß wurde, dass jedes menschliche Ohr damit überfordert gewesen wäre.

Wir haben Ihn verloren, dessen Existenz uns eine Identität gab. Nun stehen wir da, mit unserer Schuld, mit unseren Verfehlungen, müssen sie anderen in die Schuhe schieben, weil unsere dafür viel zu klein geworden sind. Wir dürfen unsere Schande den Menschen nicht gestehen, weil wir fürchten müssen, verurteilt und aus ihrer Gemeinschaft entfernt zu werden. Und wer ist schon gern allein?

Früher gab es mal einen Gott, zu dem man sich flüchten konnte und damit nicht allein war. Da der Mensch aber immer nach einem Gott sucht, egal wie er heißt, fanden wir natürlich unsere Götter.

Der Mammon, der schon in der Bibel erwähnt wird, ist an die erste Stelle gerückt. Ihm bringen wir bereitwillig viele Opfer. Wir opfern unsere Freiheit, Freude, Familien, unsere Kinder, unsere Existenz, unsere Identität, unsere Gesundheit und unser Leben.

Wir lassen uns von den vielen Versprechungen umgarnen, die uns sagen, dass wir mit Geld Macht und Ansehen kaufen können, dass wir unsere Wünsche (die wir kurz zuvor noch gar nicht hatten und die erst in uns geweckt werden) ausnahmslos erfüllen können.

Doch unsere eigentliche Sehnsucht heißt doch Liebe und Friede.

So verließ uns der Glaube

Der Feind (der Teufel) hat früh angefangen, den Glauben an das Erlösungswerk Jesu zu zerstören. Jesus selbst und dann auch die Apostel haben immer wieder davor gewarnt, auf „ein anderes Evangelium“ zu hören, als das, was den Gläubigen von den Aposteln bezeugt wurde.

Doch die Schlange ist lautlos, sie kann sich durch vieles hindurchwinden, kann mit ihren Giftzähnen heimtückisch urplötzlich zubeißen und tödliche Wunden zufügen.

Zunächst durch Indoktrination einer etwas abgewandelten Lehre in die Urgemeinde, dann mithilfe von Verfolgung, dann durch Erhöhung des Christentums über andere Glaubensrichtungen, was den Hass auf die Christen schürte, durch die Einvernahme der heidnischen Gebräuche und Lehren und dadurch Verwässerung und teilweise gänzliche Auflösung der Urgemeinde, wurde die reine Lehre Jesu behindert.

Danach folgten die Grausamkeiten gegen die Vertreter und Herüberretter der Worte Jesu in die nächsten Jahrhunderte. Dann der Auftritt der Reformatoren, die sicher gute Absichten hatten, deren Anstrengungen aber oft genug dazu führten, dass Brüder im Glauben einander umbrachten oder es zumindest befürworteten (Luther gegen die Täufer). „Und des Menschen Feinde werden seine eigenen Hausgenossen sein“ (*Matt. 10, 36*).

Durch alle Zeiten und Strömungen hindurch bewahrte sich Gott einen „Überrest“. Menschen, die bereit waren, für ihren wahren Glauben an Jesus Christus und sein Erlösungswerk, Nachteile in Kauf zu nehmen, zu leiden und auch zu sterben.

Immer wieder versuchte der Feind die Zeugen, die wahrhaft bibeltreuen Jünger Jesu, vernichtend zu schlagen. Er hat bis heute nicht damit aufgehört. Und seine Mühen tragen Früchte.

Der Fluch der Emanzipation und des Feminismus

Die Emanzipation ist ebenfalls eine höllische Idee. Durch sie wurden Familien zerstört, Menschen in Selbstmord oder in Psychiatrien getrieben. Sie machte auch den bis heute üblichen Massenmord an Ungeborenen möglich, sie ist für die Einführung der Antibabypille und die Pille danach, für den irren Gendermainstreaming verantwortlich. Sie ist dabei, die Menschheit auszurotten.

Wie viele Tränen, Leid und Verzweiflung wurden durch die Berufstätigkeit der Frauen in die Welt gebracht. In schlimmen Zeiten, wenn Krieg herrschte oder in Hungersnot, waren Frauen gezwungen, ihre Kinder im Stich zu lassen und arbeiten zu gehen. Heute wird ihnen eingeredet, dass es fortschrittlich und im Sinne der Gleichberechtigung ist, wenn Frauen mit schlechtem Gewissen ihren Kleinen gegenüber, versuchen, sie vorbildlich zu erziehen (da das ja nicht mehr geht, wird Fremdbetreuung in Anspruch genommen), den Haushalt ordentlich zu führen (auch das kann nicht gelingen, weil auch die Frauen nur zwei Hände und nicht die Kraft haben, zwei Herren gleich gut zu dienen) und eine hundertprozentige Präsenz bei ihrer Arbeitsstelle zu gewährleisten.

Und da dies alles eine nicht zu erfüllende Herausforderung darstellt, muss man für sich ein Lebensmodell entwickeln. Und der Mammon reibt sich die nicht vorhandenen Hände und weiß, sie wird sich gegen das Kind entscheiden. Sie wird es opfern.

Ich habe in dem letzten halben Jahr oft erlebt, dass in unserer Nachbarschaft ein kleines, ungefähr ein Jahr altes

Kind, fast jeden Morgen erbärmlich weint. Ich stelle mir vor, wie die Mutter, schweren Herzens, ihr Kindlein aus dem warmen Bettchen, aus dem Schlaf herausnimmt und es überredet, sich auf die Kinderkrippe zu freuen. Natürlich kann die Überzeugungsarbeit nicht gelingen, weil selbst die Mutter ihren eigenen Worten nicht glaubt.

Ich gehe oft mit meinem Hund am See entlang, an dem sich auch der Kindergarten mit angeschlossener Kinderkrippe befindet. Wie oft höre ich schon um sieben Uhr kleine Kinder weinen.

Wir leben angeblich in einem reichen Land, uns wird immer wieder, fast täglich die Not von Kindern aus aller Welt vor Augen gehalten. Wieso kriegen wir es nicht hin, dass Familien ihr gutes Auskommen haben, und Eheleuten nicht eingeredet wird, dass die Frau mitarbeiten muss? Sie und ihre Kinder zahlen dafür einen viel zu hohen Preis.

Warum ist es unserer Gesellschaft inzwischen keine Zeile mehr wert, dass jedes Jahr mehr als 100.000 unschuldige Kindlein ermordet (heißt abgetrieben) werden. Für geschredderte Hähnchen, was wirklich schrecklich ist und verboten gehört, sollen wir die Verantwortung übernehmen, wer übernimmt die Verantwortung für geschredderte Kinder?

Unsere Frauen müssen die Pille schlucken, damit ja kein neues Leben entsteht.

Warum leben wir nicht keusch? Warum prostituieren sich schon die jüngsten Mädchen für ein Lächeln, dafür, dass ihnen gesagt wird, wie begehrenswert und schön sie sind, für ein Gefühl, das sie Liebe nennen? Was leben wir ihnen vor? Warum halten sie sich nicht für zu kostbar, um sich beschmutzen zu lassen? Was macht unsere Gesellschaft falsch, dass sie und auch die jungen Männer kein Selbstwertgefühl haben? Was ist los? Wieso sind wir zu solchen ungeheuren Opfern bereit, um dazu zu gehören, um zu gefallen, um ein nettes Wort zu hören?

Was geben wir unseren Kindern mit auf ihren Lebensweg? Du störst? Ich gehe lieber arbeiten, als mich um dich zu kümmern? Ich sehe überhaupt nicht ein, dass ich deinetwegen auf irgendetwas verzichten müsste. Ist das unsere Botschaft an sie? Werden wir uns eines Tages wundern, wenn wir von genau diesen Kindern, denen wir doch „alles" ermöglicht haben, ins Altenheim abgeschoben werden? Ist es nicht die zwangsläufige Konsequenz?

Unsere moderne Gesellschaft tut alles dafür, dass es den Familien so schwer gemacht wird, wie es nur geht.

Man kann sich problemlos scheiden lassen – man hat sich halt auseinandergelebt. Ich denke, wann hatten sie Zeit, sich zueinander zu leben? Es bleiben nur Opfer zurück. Ich habe mich zweimal scheiden lassen. Ich hatte „gute", akzeptierte Gründe. Ich kann behaupten, dass jedes Mal mein Herz ein Stückchen mehr zerbrochen ist. Und jedes Mal haben meine Kinder gelitten, ohne es ausdrücken zu können. Sie tragen noch heute an ihren Wunden, die nur mit Jesu Hilfe wirklich verheilen können.

Ja, ich will anklagen, ich will all diejenigen anklagen, die sich über dieses Leid hinwegsetzen. Ich will diejenigen anklagen, die in diesem reichen Land nicht das Geld und die Möglichkeiten zur Verfügung stellen, dass Menschen sich nicht scheiden lassen müssen (Natürlich gibt es da auch Gründe, die kein anderer beeinflussen kann. Aber ich glaube, sie sind nicht häufig, häufiger sind Geldsorgen, Arbeitslosigkeit, Zeitmangel und daraus resultierende Enttäuschungen.), dass Kinder nicht abgegeben werden müssen.

Ich bin auch dafür, dass Eltern ihre Kinder nicht nur selbstverständlich selbst erziehen, sondern auch bei Eignung sie selber unterrichten können sollten. Es gibt die Möglichkeit, das ist auch in einigen Ländern der Erde übliche Praxis, die Resultate durch Prüfungen zu beurteilen.

Ja, ich will anklagen, dass es in diesem Land notwendig ist, dass Frauen doppelt und dreifach belastet werden. Sie sind das schwächere Geschöpf, warum wird ihnen so viel Verantwortung für die Fehler, die die Politik macht, aufgebürdet?

Die Männer

Vor Kurzem habe ich einen Vortrag von einem jungen Mann gehört, der aus meiner Erinnerung heraus folgendes gesagt hat: „Wer zahlt seit der Einführung des Feminismus am meisten drauf? Die Frauen, und sie merken es nicht einmal. Sie müssen sich selbst verraten und ihre Kinder und ihren Mann. Sie müssen ein Vielfaches von dem leisten, was in ihrer Kraft ist. Immer mehr Frauen erleiden einen Herzinfarkt oder einen Hirnschlag, werden Mobbingopfer und brennen aus. Wann endlich werden Frauen dieses Los wieder abschütteln? Wann endlich werden sie sich auf ihre ureigentliche, natürliche Aufgabe besinnen, sich um Kinder, Haus und Herd zu kümmern?

Doch auch die Männer möchte ich mit diesem Vortrag aufrütteln! Sie haben sich durch den Feminismus zu Weicheiern machen lassen, die keine Verantwortung mehr übernehmen wollen oder können.

Steht auf, ihr Männer, steht wieder für eure Familien ein. Schließt euch zusammen, damit ihr stark werdet, damit ihr wehrhaft werdet. Eure Frauen und Kinder sehnen sich nach einem starken Vater und Ehemann, der sie beschützt, für sie durchs Feuer geht, sie versorgt. Männer, wenn ihr endlich kapieren würdet, welches Ansehen ihr dadurch in euren Familien gewinnen würdet, ihr könntet wieder stolz sein. Ihr könntet euch wieder im Spiegel anschauen. Wir sind doch das Geschlecht, das Freude am fighten hat, das auf Abenteuer aus ist, das gern etwas riskiert, das gern eine Position einnimmt und gern bewundert wird. Ist es nicht so?

Wir können das Rad der Geschichte wieder zurückdrehen, wenn wir uns zusammen tun und uns daran erinnern, was unsere Stärken sind. Lasst uns aufstehen und für die Schwachen wieder einstehen. Lasst uns wieder lernen, Nein zu sagen, nicht mit allem einverstanden zu sein, nicht mehr tolerant, sondern gerecht und aufrichtig unseren „Mann" zustehen. Ist das nicht reizvoll?"

Von diesem Vortrag war ich hellauf begeistert.

Ja, Männer braucht das Land, richtige Männer, nicht Abnicker und Jasager, die sich hinter ihren Frauen oder dem Zeitgeist verstecken. „Was kann ich als Einzelner schon machen?"

Ja, dann bleibt eben nicht Einzelne! Wir Frauen warten auf euch. Wir möchten so gern Verantwortung und Entscheidungen abgeben. Wir möchten so gern wieder von euch beschützt werden, so gern unseren Kopf an eure starke Schulter lehnen.

Wagt es doch, aus eurer Deckung hervorzukommen und nehmt die Position ein, die Gott sich für euch erdacht hat.

Helft uns, eure Gehilfin sein zu dürfen, nicht eure Lokomotive. Wir haben gar nicht die Kraft dazu, auch wenn wir oft so tun. Lasst euch davon nicht abschrecken.

Gemeinsam können wir unglaublich stark sein, ihr tollen Männer und wir tollen Frauen und unsere tollen Kinder, die nicht abgeschoben werden müssen, sondern sich wohl und sicher entwickeln können in einem friedlichen, liebevollen und betreuten Zuhause.

Am Ende des Vortrags des jungen Mannes erzählte er eine kleine Geschichte, die sich im Haus seiner Schwester zugetragen hat. Die Schwester ist durch die gute Position ihres Mannes in der glücklichen Lage, bei ihren Kindern zu Hause sein zu können. Es war in der Vorweihnachtszeit. Die junge Frau war gerade dabei, mit ihren Kindern Weihnachtsplätzchen zu backen, als es an der Tür schellte.

Die Frau, die geklingelt hatte, war die Nachbarin. Sehr schick angezogen, eine Richterin. Und sie stand da mit Tränen in den Augen. Sie sagte stockend: „Ach wissen Sie, wenn ich so durch ihr Küchenfenster schaue und sehe, welchen Spaß Sie mit Ihren Kindern beim Plätzchenbacken haben, werde ich ganz traurig. Leider habe ich mich falsch entschieden, als ich meinen Kinderwunsch dem Studium und der Karriere opferte. Und nun ist es zu spät."

Gott sei es gedankt, dass unsere Männer heute endlich beginnen, sich selbst wahrzunehmen. Ihre Positionen suchen und immer mehr auch finden!

Was musste passieren, dass Männer ihr Selbstbewusstsein und ihr Selbstwertgefühl verloren haben? Wann ist ihnen ihre Männlichkeit abhandengekommen? Waren es die Kriege, die sie zerstört, verletzt und traumatisiert wieder zurückgebracht haben zu ihren Frauen, zu ihren Familien, wenn sie überhaupt zurückkamen?

Ganz sicher haben diese schrecklichen Erlebnisse viele körperliche und auch geistige Krüppel zurückgelassen. Als sie aus dem Krieg oder aus der Gefangenschaft kamen und ihre Familien wiedergefunden hatten, war die Freude wohl zunächst auf beiden Seiten sehr groß. Doch nach einiger Zeit wurden die Wunden sichtbar, die sie alle davongetragen hatten.

Mein Vater kam mit Malaria zurück. Es war im Jahr 1948. Ein kranker Mann, der oft Fieberanfälle bekam und dann nicht zurechnungsfähig war. Jahrelang litt die gesamte Familie unter diesen Krankheitsschüben. Und doch musste er harte Arbeit tun. Da die Arbeitslosigkeit in den Jahren kurz nach dem Krieg sehr hoch war, wurden die Männer zu schwerster Arbeit herangezogen. Mein Vater musste Steine mit einem Vorschlaghammer zerschlagen. Diese wurden gebraucht, um Straßen und Wege zu befestigen. Der Lohn war karg, und meine Mutter ging zu den Bauern, um bei der Ernte zu helfen.

Da mein Vater sehr in sich gekehrt war, besprachen alle Leute die Dinge, die unsere Familie betrafen, mit meiner Mutter. Mein Vater stand an der zweiten Stelle.

Viele Männer konnten das nicht ertragen und begannen zu trinken und ihre Frauen und Kinder zu schlagen. Ehen zerbrachen. Kinder hatten wieder keinen Vater mehr.

So begann die schleichende Entmännlichung unserer Gesellschaft. Und sie schleicht nicht mehr. Sie hat sich durchgesetzt überall, wohin man schaut, in der Politik, in den Kirchen, in den Schulen, in den Familien.

Aber das war nicht das einzige Gift, das Männer verunsicherte. Das zweite, mindestens ebenso wirksame war die Emanzipation, die der Gesellschaft suggerierte, dass es ohne Männer auch ganz gut gehe.

Scheidungen wurden erleichtert und oft genug auch angeraten. Man trennte sich immer leichtfertiger und bedachte nicht, wie wichtig Vater und Mutter für die Sicherheit und Geborgenheit der Kinder sind und dass keiner die Position des anderen übernehmen kann.

Vor allem die Jungen brauchen ihre Väter als Vorbild. Nun ist er nicht mehr da, niemand, an dem sie sich ausrichten können. Kein Vater, der in schwierigen Situationen seinem Jungen erklärt, wie man sich als Mann verhält, wie man als Mann Entscheidungen fällt und Verantwortung übernimmt für sein Handeln.

Niemals können Mütter die Position des Vaters einnehmen. Schon gar nicht bei den Jungen aber auch nicht bei den Mädchen.

Die meisten von ihnen hören zum ersten Mal von ihrem Vater, dass sie wunderhübsch sind. Sie vertrauen ihrem Vater und sehen ihn als ihren Beschützer.

Und nun ist kein Mann mehr da, weder für die Jungen noch für die Mädchen.

Was für ein Bild werden Kinder mit einer solchen Erfahrung von ihrem Vater haben? Er ist einfach weggelaufen, er hat nicht für uns und für die Ehe gekämpft. Wir sind ihm nicht wichtig. Er ist ein Schlappschwanz. So entsteht das Bild von einem weichgeklopften, verantwortungslosen Mann in den jungen Gehirnen.

Die Kinder sind enttäuscht und traurig und glauben, sich in dem Vater geirrt zu haben, als sie ihn liebten. Das wird natürlich noch durch die Verachtung, die Männern von der Gesellschaft entgegengebracht wird, verstärkt.

Dass Frauen nicht gut von ihrem „Ex“ sprechen, kann ich ja noch nachvollziehen. Wenn sie sich öfter über einen Vertreter des „starken Geschlechts“ geärgert haben, ist auch Hass auf Männer möglich.

Frauen wurde erfolgreich eingeredet, dass Männer einfach triebgesteuerte Tiere sind, die gar nicht erfassen können, was ihre Partnerinnen sich wünschen. Sie sind egoistisch und verdienen es, gering geschätzt zu werden.

Aber, dass Männer sich gegeneinanderstellen, ist mir völlig unerklärlich. Wieso bekämpfen sie einander? Sie sind doch alle in derselben Lage. Aber scheinbar beginnt jetzt ganz leise ein Umdenken in der Männerwelt, wie auch der obige Vortrag des jungen Mannes zeigt.

Die Frauen

Was war inzwischen mit den Frauen vorgegangen? Auch sie haben die furchtbaren Erlebnisse des Krieges geprägt. Sie mussten sich allein durchschlagen und trugen die ganze Verantwortung für die Kinder, in einer Zeit, in der das Chaos herrschte, fremde Männer wie wilde Tiere über sie herfielen und sie an Leib und Seele schwer verletzt wurden. Die Wunden am Körper heilten irgendwann, die Wunden an der Seele heilten nie.

Ich denke da an meine Mutter, die 1945 im Januar in den Westen gehen musste, vertrieben von ihrem Hab und Gut aus ihrer Heimat. Ein Kind auf dem Arm, das gerade ein paar Tage alt war. Drei Kinder hinter dem kleinen Leiterwägelchen. Keine Zeit mehr, viel mitzunehmen.

Der Schwiegervater war ihr solange eine Stütze, bis er von Jugendlichen erschossen wurde. Die Schwiegermutter war eine zusätzliche Belastung, da sie an Gicht litt und ihre Finger nicht benutzen konnte.

Sie gingen durch den Schnee. Nach zehn Tagen gab mein kleiner Bruder seinen Geist auf. Er war auf dem Arm meiner Mutter verhungert. Schon seit Tagen hatte meine Mutter nichts mehr gegessen, um die Reste den Kindern zu geben. Dadurch hatte sie für meinen kleinen Bruder keine Milch in ihrer Brust.

Der bitter kalte Winter hatte für tief gefrorene Erde gesorgt, sodass meine Mutter ihr kleines Kind im Schnee verscharren musste.

Es ging weiter, Zeit zum Trauern blieb nicht. Da waren ja noch die anderen Kinder, und die hatten auch Hunger. Und sie fragten meine Mutter: „Mama, wir haben Hunger. Können wir irgendetwas zu essen kriegen?“ Aber die wenigen Vorräte waren aufgebraucht.

Sie warf sich auf die Erde und schrie: „Gott, hilf mir! Hilf, du siehst unser Elend. Hilf uns. Gib mir Brot für meine Kinder!“ Der Treck zog weiter, und sie raffte sich auf und zog auch weiter.

Vor ihnen war ein großer Wagen, der von Pferden gezogen wurde. Und von diesem Wagen fiel ein großer Laib Brot herunter. Meine Mutter jubelte in ihrem Herzen und wusste, Gott hatte ihr Gebet erhört. Die Kinder stürzten sich auf das Brot. Sie teilte es und heißer Dank stieg zu Gott auf.

Niemand kennt die Zahl der Frauen, denen es ähnlich erging. Sie waren jetzt die Organisatoren, die Entscheider. Auf ihre Klugheit und ihr Durchsetzungsvermögen kam es nun für die Familie an. Und sie wurden immer stärker. Sie übernahmen Arbeiten, die für sie eigentlich viel zu schwer waren. Aber die Männer waren ja nicht da.

Besonders für Frauen waren Feminismus und Emanzipation eine Falle, ein Köder, der ihnen über viele Jahre schmackhaft gemacht wurde. Auch hier ist die wahrhaftige Beurteilung – ist es gut oder böse – bis zum heutigen Tage noch nicht für alle sichtbar. Doch immer mehr Frauen spüren, dass sie einer Lüge aufgesessen sind, und sie versuchen zu retten, was noch zu retten ist.

Als viele Frauen den Köder geschluckt hatten, war es möglich, auch die Gesetze dahin zu ändern, dass Kinderbetreuung angeboten wurde und dadurch die Frauen, die alleinerziehend waren, zur Aufnahme von Arbeit gezwungen werden konnten.

Die Tochter einer guten Bekannten von mir ließ sich scheiden, weil ihr Mann sie hintergangen hatte. Sie wollte gern bei ihren Kindern daheim bleiben, vor allem, wegen der traumatischen Verletzungen, die sie davongetragen hatten. Sie bestand auf Unterhalt für sich selbst. Es wurde ihr nicht zugesprochen, obwohl der Mann die Ehe gebrochen hatte und ein sehr hohes Gehalt hatte. Sie musste arbeiten gehen, und der jüngste Sohn, erst vier Jahre, wurde dann von der Großmutter betreut.

So gestaltete sich das angeblich „unabhängige Leben vom Mann“ in der BRD.

Die Wertigkeit von Familien hat durch den Feminismus (Frauenrechte stärken) und durch die Emanzipation der Frau (Gleichberechtigung der Geschlechter) entscheidend gelitten.

Natürlich standen auch hier, wie bei vielen tollen, neuen, fortschrittlichen Ideen knallharte wirtschaftliche und machtpolitische Interessen im Vordergrund. Doch bis heute wird es noch immer nicht vollends erkannt.

Die DDR bietet sich hervorragend als Studienobjekt des im großen Stil verwirklichten Feminismus an. Ganz selbstverständlich nahmen Frauen in der Arbeitswelt die gleichen Positionen wie Männer ein. Sie erhielten den gleichen Lohn und unterschieden sich von den Männern nur dadurch, dass sie Kinder gebären konnten. Damit der Berufstätigkeit der Mütter die Kinder nicht im Wege standen, wurden flugs Kindergärten und -krippen gebaut. Vor der Arbeit konnten so die Mütter ihre Kinder in die politisch gewollte staatliche Obhut geben und abends wieder abholen.

„Seit der Gründung der DDR galt die Einbeziehung der Frauen in die „gesellschaftliche Produktion“ (Erwerbstätigkeit) als wichtigster Schritt auf dem Weg zur Gleichberechtigung. Wie schon Marx, Engels, Bebel und Lenin ausführten, sei die ökonomische Unabhängigkeit der Frau der Garant für ihre Befreiung von der „Sklaverei“ (W. I. Lenin: *Die große Initiative*, in: Helwig/ Nickel 1993) der Hausarbeit.

„1989 waren in der DDR 91,2 % der Frauen berufstätig (inklusive der Studentinnen und Lehrlinge). Es ist allerdings zu bedenken, dass die Frauen nicht nur das Recht zur Arbeit hatten, sondern geradezu die Pflicht, um ihre Familien materiell abzusichern.

Im Großen und Ganzen waren Frauen aber hauptsächlich in Berufen beschäftigt, die sozial und finanziell schlechter ausgestattet waren.

Ebenso waren nur verschwindend wenige Frauen in Leitungspositionen zu finden. …

Zurückzuführen ist dies u. a. auf eine gesellschaftlich noch immer vorherrschende patriarchale Struktur (entgegen aller Beteuerungen vonseiten des Staates) sowie die Mutterschaft, die trotz allem unterbrechend auf die Karrieren der Frauen wirkten. So verdienten Frauen durchschnittlich 25–30 % weniger als Männer.

Bei der Berufswahl schlugen Mädchen und Jungen schon im Rahmen von Schulpraktika und Ferienjobs verschiedene Berufsrichtungen ein, was sich weiter fortsetzte (Mädchen Pädagogik und Handel, Jungen Industrie).

Bei der Vergabe von Lehrstellen wurde staatlich gelenkt, in welche Berufe wie viele Mitglieder des jeweiligen Geschlechts eintreten sollten.

Mädchen wurden oft in Berufe manövriert, die sowieso schon frauendominiert waren und mussten somit oft Lehrstellen annehmen, die eher „Notlösungen“ waren. Die Betriebe und Kombinate spielten das Spiel mit und versuchten mit folgenden Begründungen, eher Jungen als Mädchen einzustellen:

- die Ausfallquote und Fluktuation sei größer (Mutterschaft)
- Übertreffen der physischen Anforderungen an die Mädchen

- nicht genügendes technisches Interesse seitens der Mädchen
- Fehlen sozialer und hygienischer Einrichtungen

In den Fachschulstudiengängen entschieden sich Frauen meist für den medizinischen und pädagogischen Bereich. In den Hochschulstudiengängen waren sie in den Fachbereichen Wirtschaftswissenschaften, Pädagogik, Literatur- und Sprachwissenschaften sowie Medizin deutlich überrepräsentiert" (Kirsten Knaack: *Frauenarbeit in der DDR*).

In dem Beitrag von Kirsten Knaack fällt auf, dass Frauen im DDR-Regime nützliche Idioten in Form von Reservearbeiter waren. Ihnen wurde erzählt, dass die Emanzipation eine erstrebenswerte Errungenschaft der Frauen sei. Dazu gehöre selbstverständlich die Unabhängigkeit vom Mann. Die Frauen litten unter der Doppel- und Dreifachbelastung, die Berufstätigkeit, die Kinderbetreuung und die Haushaltsführung (wobei das Einkaufen viel Zeit in Anspruch nahm, weil die Ware, die man haben wollte, oft nicht vorrätig war und man trotz langen Anstehens mit leeren Händen nach Hause ging. Da musste dann schnell mal improvisiert werden).

Wie oft sind die Frauen eilig, vom schlechten Gewissen getrieben, weil die Kinder wieder einmal länger auf die Mama warten mussten, zur Kindertagesstätte oder den Kindergarten gelaufen?

Völlig ausgelaugt mussten sie dann noch das Essen auf den Tisch bringen. Ausgebrannt und todmüde sanken sie in ihr Bett.

Es gab Frauen, die sich gegen diese Normen gewehrt haben. Ihnen wurden Hilfen gestrichen. Sie wurden als asozial und faul beschrieben. Dabei wollten sie einfach nur Frau und Mutter sein können und ihre Kinder nicht den staatlichen Erziehungsprogrammen überlassen.

Meine Tante erzählte mir von den Repressalien, denen sie sich ausgesetzt sah, als sie ihre drei Kinder selber erziehen wollte. Ihr wurden daraufhin Sozialleistungen gestrichen. Sie wurde oft gefragt, warum sie nicht arbeiten gehe und war es irgendwann Leid, Antworten auf Fragen zu geben, die eigentlich niemand etwas angingen.

Der normale Alltag der Frauen in der DDR war gestaltet durch Berufstätigkeit, Haushalt, Kinder, Einkauf, Weiterbildung und Mitarbeit in gesellschaftlichen Organisationen. Wirtschaftlich waren die Frauen zunächst für den Wiederaufbau nach dem Krieg wichtig, danach für den Arbeitsmarkt und die Produktionssteigerung angesichts der Flucht- und Abwanderungsbewegung in die BRD bis zum Bau der Berliner Mauer.

Diese Betrachtung der Frau in der DDR, die jeder Vollständigkeit entbehrt, veranlasst mich, zu schauen, wie das Frauenbild im heutigen vereinigten Deutschland aussieht. Und ich sehe starke Parallelen. Auch hier hat sich die Politik nach links (sozialistisch) verschoben, wenn man feststellt, dass auch heute Frauen verwundert angeschaut werden, wenn sie sagen, dass sie keinen Beruf haben, sondern ihre Berufung darin sehen, ihre Kinder nach besten Kräften zu unterstützen, wertvolle Menschen zu werden und ihrem Mann ein gemütliches Zuhause zu schaffen.

Ist es hier, im reichen Westen, inzwischen auch so wie in der DDR, dass die Frauen letztlich nicht aus Gründen ihrer angeblichen Emanzipation in den Arbeitsmarkt gelockt wurden, sondern als willkommene Hilfsarbeiter die wirtschaftlichen, politischen und sozialen Probleme kaschieren?

Deutschland – das Wirtschaftswunderland

Wieso das jemand überrascht, kann ich nicht verstehen. Deutschland war zerbombt. Die Infrastruktur musste wieder in Gang gesetzt und Häuser gebaut werden. Die allgemeine Wohnungsnot wurde durch die nun ins Land strömenden Flüchtlinge und Vertriebenen noch verschärft. Natürlich war Arbeit ohne Ende zu erledigen. Wohnungseinrichtungen mussten gefertigt und geliefert werden. Es fehlte doch an allem.

Als 1960 Vollbeschäftigung erreicht wurde, war der Wiederaufbau im Großen und Ganzen erledigt. Nun aber wurden Wünsche geweckt, nach schönerer Kleidung, einer größeren Wohnung, nach einem Auto, nach Urlaub und noch viel mehr. Weil durch die Vollbeschäftigung auch die Löhne gestiegen waren, konnten viele Träume verwirklicht werden.

Wenn aber einmal der Markt gesättigt ist und nur noch Ersatzanschaffungen von Nöten sind, leidet selbstverständlich auch der Arbeitsmarkt. Das dürfte für jeden Menschen eine logische Konsequenz sein.

Der Tenor heutiger Politiker und Wirtschaftsmagnaten ist: Wir müssen Wirtschaftswachstum generieren. Wie soll das ohne Nachfrage gelingen? Natürlich käme da ein Krieg wie gerufen. Oder man kann die Preise anderer Länder unterbieten, sodass wir Exportweltmeister werden können.

Nun ist seit Jahren die Arbeitsmarktsituation im Sinkflug. Tatsächlich werden die Einnahmen des Großteils der Bevölkerung immer geringer, sodass schon lange der Verdienst nur des Mannes nicht ausreicht. Die Frauen müssen mitarbeiten. Und damit es ihnen leichter fällt und sie ohne viel Murren (zumindest nicht über die Verantwortlichen) tun, was für die Industrie lohnend ist, wird ihnen die Mär von der Emanzipation aufgetischt. Wenn eine Lüge oft genug erzählt wird, wird sie als Wahrheit verstanden.

Was wir brauchen, sind existenzsichernde Löhne für die Menschen, die einer Arbeit nachgehen wollen. Die Lohndrückerei muss beendet werden. Konzerne steigern ihre Gewinne von Jahr zu Jahr ins Unermessliche. Es werden Vorstandsgehälter gezahlt, die ins Astronomische gehen. Und all dieses wird ausgetragen auf dem Rücken unserer Männer, Frauen und Kinder. Alle Familien, die für ihr Auskommen arbeiten müssen, sind hier gemeint. Es muss aufhören, dass der Staat an den höheren Steuereinnahmen, die Sozialversicherungssysteme durch die zusätzlichen Beiträge und die Wirtschaft, durch die Konkurrenz von Männern und Frauen um die besten Arbeitsplätze, unberechtigt partizipiert.

Die vielen Millionen und Milliarden, die ausgegeben werden von Menschen, die dieses Geld nicht verdienen müssen, an Banken, die durch gefährliche Risikospielchen in Schieflage geraten oder an Mitgliedsländer, die unbedingt unsere Standards erreichen müssen, obwohl sie dazu aus mehreren Gründen gar nicht in der Lage sind, werden den Familien abgepresst.

Welch ein ungeheurer Druck lastet auf dem Familienvater, wenn seine Firma mit dem Gedanken spielt, die Produktion in ein Billiglohnland zu verlegen und ihm die Arbeitslosigkeit droht. Ist er über 45 Jahre alt, sieht es ganz schlecht aus, mit einer neuen Arbeit. Und wenn er nach vielen Bewerbungen endlich doch zu einem Vorstellungsgespräch eingeladen wird, stellt er fest, dass der neue Lohn sehr viel geringer ist als der bisherige, Urlaubsansprüche reduziert und Urlaubs- und Weihnachtsgeld nicht gezahlt werden. Was soll er machen? Er wird wahrscheinlich den Arbeitsvertrag unterschreiben.

„Die Anstalt" vom 16.05.2017 dokumentierte, dass die Reallöhne in Europa in der Zeit von 2000 bis 2010 in Norwegen z. B. um 25,1 % gestiegen sind, Norwegen liegt damit an Platz 1. Deutschland bildet das traurige Schlusslicht mit einer Minderung der Reallöhne um 4,5 %.

Aber das Elend in den deutschen Familien betrifft nicht nur das Einkommen, das immer geringer wird. Viel schlimmer ist es, dass das Zuhause nicht mehr als Erholungsort vom täglichen Stress empfunden werden kann. Durch die Berufstätigkeit der Frauen sind auch sie ständig am Limit. Wenn dann noch Kinder aus Kindergarten oder Hort geholt, Schulaufgaben beaufsichtigt, Einkäufe erledigt werden müssen, bleiben Reibereien und Streit nicht aus. Und irgendwann ist die Familie zerbrochen, was dann noch mehr Leid bedeutet.

Wie viele Männer und Frauen begingen Selbstmord, weil sie diesem Druck, in der Firma, in der Familie, in ihrem Leben nicht mehr gewachsen waren? Seit wann hat Burn-out bei uns Hochkonjunktur? Herzinfarkte, Schlaganfälle sind Übermüdungserscheinungen, von denen auch Frauen nicht mehr verschont bleiben.

Feminismus und Emanzipation beschreiben die Selbstbestimmung der Frauen und ihre Gleichstellung. Frauen sollen auf allen Gebieten den Männern gleichrangig sein.

So werden Vergleiche angestellt. In welchen Bereichen ist Nachholbedarf?

Bei *Wikipedia* finde ich folgenden Wortlaut: „Der Feminismus verdeutlicht, dass das Ideal der Gleichheit aller Menschen, wie es vor allem durch die bürgerliche Emanzipation vom Feudalsystem Verbreitung fand, nicht mit den Alltagserfahrungen von Frauen übereinstimmt. Es wird demnach ein Konflikt zwischen dem aufklärerischen Egalitätsanspruch einerseits und der Lebensrealität von Frauen in Neuzeit und Moderne andererseits diagnostiziert. Auf dieser Basis beinhaltet Feminismus auch die Forderung, nicht nur Gleichberechtigung von Frauen und Männern formal (gesetzlich) zu postulieren, sondern auch jene konkreten Zustände anzufechten, in welchen dieses Versprechen real noch immer nicht eingelöst worden ist."

Dadurch, dass Frauenrechte nunmehr im Fokus standen, wurde ein Geschlechterkampf herbeigeführt. Den Frauen wurde durch „Studien" belegt, dass sie den Männern auf allen Gebieten gleichrangig und in vielen Bereichen überlegen seien. Zum Beispiel seien sie „multitaskingfähig", hätten mehr Durchsetzungswillen, wären schmerzresistenter und vieles mehr. Das tat den Frauen in der Seele gut, weil sie oft genug von der Männerwelt ein wenig von oben herab behandelt wurden. Männer und Frauen wurden zu Gegnern. Und das nicht nur im Berufsleben, sondern auch in den Familien.

Sicher ist richtig, dass es unterdrückte Frauen gab und gibt. Natürlich ist es korrekt, dass das thematisiert wurde. Doch mit welcher Wucht diese Strömung vorangetrieben wurde und zu welchen oft negativen Ergebnissen der Absolutheitsanspruch der Frauenrechtlerinnen geführt hat, lässt erahnen, dass Kräfte hinter diesen Entwicklungen stehen, die auf den ersten Blick nicht wahrzunehmen sind. (Siehe „YouTube“: *Reflexionen und Warnungen – Alex Jones interviewt Aaron Russo,* deutsche Version, veröffentlicht 23.3.2012 – ab 23:20).

Doch es wurde eine Gegnerschaft zwischen Mann und Frau herbeigeführt, die die kleinste Zelle einer Gesellschaft zerrüttete und zerbrach. Besonders die Kinder leiden unter dieser Zerstörung. Wenn auch die Mütter ihre Kinder dann irgendwann allein erziehen, und sich alle Mühe geben, ihnen den Vater zu ersetzen, wird das natürlich nicht gelingen. Und da die Familie nicht mehr die Geborgenheit geben kann, die Kinder brauchen, werden sie eines Tages ihre Eltern anklagen und wahrscheinlich das Gleiche machen, was ihnen vorgelebt wurde.

Letztendlich läuft doch alles auf die Vernichtung von Gemeinschaften, von Solidaritäten hinaus. Und durch das gegeneinander ausspielen der Geschlechter oder der beruflichen Positionen wird jeder des anderen Feind. Man beginnt, sich aneinander zu messen, anstatt sich zu unterstützen und für den anderen einzustehen.

Frauen wird eingeredet, die Männer seien ihre Unterdrücker, und Männer werden dahin gebracht, in Frauen nicht nur eine Konkurrenz, sondern Menschen zu sehen, die sie dominieren wollen.

So finden beide ihre naturgegebenen Positionen im Zusammenspiel der Geschlechter nicht mehr. Entscheidungen werden oft nicht mehr getroffen, weil beide eine andere Vorstellung von ihren Lebenszielen haben und sich nicht einigen können, anstatt miteinander zu planen und sich zu ergänzen und dadurch eine starke Gemeinschaft zu werden.

Inzwischen sind die Menschen völlig verunsichert. Und auf ihre unausgesprochenen Fragen: Wer bin ich? Was ist meine Aufgabe? Wohin führt der Weg, den ich gerade gehe? Was ist erstrebenswert? Gibt ihnen niemand eine Antwort. So suchen sie ziel- und orientierungslos irgendeinen Weg, der vielleicht doch zum Glück führt.

Die Kinder

Wo stehen nun die Kinder in dieser Gesellschaft? Sie erleiden oft ein ähnliches Schicksal wie die Alten. Kinder „schafft man sich an“ (wie ein Auto, ein Haus), wenn man es sich leisten kann. Da Karriere meistens vorrangig ist; denn schließlich muss sich die schulische Bildung und das Studium ja auszahlen, kommt es in den meisten Partnerschaften erst spät zur Geburt eines Kindes, wenn es überhaupt noch in Frage kommt. Man hat sich an einen bestimmten Lebensstandard gewöhnt, die Frau wird möglicherweise einen Karriereknick befürchten müssen, man hat auch nicht mehr so gute Nerven, um sich das Geschrei von Kindern anzutun.

Unserem Zeitgeist entspricht es, Kinder möglichst gar nicht erst zu bekommen. Wenn es sich dann doch nicht vermeiden lässt, schiebt man sie spätestens nach einem Jahr ab in die Kita. Oft haben sich Väter bis dahin schon aus dem Staub gemacht, erkaufen sich mit der Alimentenzahlung eine Freiheit, die im Grunde so armselig ist, dass man weinen möchte.

Wie glücklich können Eltern sein, die dabei sein dürfen, wenn das erste Lächeln über das kleine Gesichtchen huscht.

Wenn kleine Ärmchen sich vertrauensvoll dem Papa oder der Mama entgegenstrecken. Wenn das eigene Baby sich ankuschelt und warm und weich unser Herz immer wieder neu erobert. Sicher bleiben Eltern auch durchwachte Nächte nicht erspart. Aber ist es nicht ein Wunder, wenn man dieses winzige Menschlein trösten kann, ihm den Schmerz wegschaukeln kann? Das können wir, dazu hat Gott uns geschaffen. Einander aufzurichten. Die Zeit ist so zerstörerisch, dass wir unbedingt eine Schulter brauchen, an die wir uns anlehnen können, dass wir jemanden brauchen, der unsere Sorgenfalten wegstreichelt und mit dem gemeinsam wir die Frucht unserer Liebe, unsere Kinder, aufziehen und versuchen können, sie für das Leben starkzumachen, indem sie unsere Werte weitergeben.

Ich beobachte kleine und größere Kinder mit Smartphones in der Hand und Stöpseln in den Ohren. Sie machen auf mich den Eindruck, als wenn sie sich von dieser Welt abkapseln möchten. Sie grüßen nicht, stehen in Bus und Bahn nicht mehr auf, wenn ältere Menschen einsteigen. Sie wirken kontaktfeindlich, uninteressiert verloren gegangen. Manchmal schaue ich in resignierte, traurige junge Gesichter, die nichts mehr zu erwarten scheinen.

Wie die Erwachsenen sind sie auf Labels festgelegt. Ihre Kleidung ist, dem Zeitgeist angepasst, teuer und muss „hip" sein. Mit ihrer Unterhaltungselektronik schaffen sie sich ihre eigene Realität, tauchen ab in virtuelle Welten, die ihnen ihre wirklichen Wünsche nicht erfüllen können. Die Sehnsucht nach Liebe, Angenommensein, Geborgenheit und menschliche Wärme könnte so leicht gestillt werden, wenn die Gesellschaft ihren Egoismus ablegen und den jungen Menschen Empathie entgegenbringen würde.

Die Alten

Das Schicksal der Alten ähnelt dem der Kinder sehr. Wie die Kleinen mitleidlos oder auch von überaus traurigen, verzweifelten, überforderten Müttern schon im Babyalter abgegeben und irgendwo untergebracht werden, so geht es auch unseren Alten.

Die ehemals übliche Lebensweise war, dass die Alten nicht ausgemustert und in Pflegeheime abgeschoben wurden, sondern in ihren Familien blieben, bis sie starben. Oft übernahmen sie dort bis ins hohe Alter Aufgaben, die die übrigen Familienangehörigen entlasteten. Sie konnten sich um die Kinder kümmern, Essen vorbereiten, sich im Garten nützlich machen, kleinere Reparaturen ausführen, Rasen mähen und vieles andere mehr. Vor allem aber waren sie ganz einfach da. Man konnte sich von ihnen wunderbar trösten und aufbauen lassen, egal ob Enkel oder Kinder. Sie hatten Zeit und konnten noch zuhören.

Doch heute, in der hektischen Zeit, in der alles nur noch am Erfolg oder an der Produktivität gemessen wird, haben sie ihren angestammten Platz verloren. Die Bänke vor den Häusern, auf denen sie am Abend gesessen und ihr Pläuschchen mit den Nachbarn gehalten haben, sind leer und oft nur noch Dekoration.

In den vergangenen Jahren hatte ich oft Gelegenheit, in verschiedene Altenheime oder Seniorenstifte oder welchen Namen sie auch immer tragen, zu gehen und die Situation der meisten Bewohner (oder Insassen, zu diesem Begriff neige ich eher, nach meinen Erfahrungen) zu beobachten. Ich sah müde, resignierte Augen. Die Menschen sitzen zu mehreren an einem Tisch, und jeder schweigt vor sich hin, versunken in Gedanken, die weit zurückreichen.

Solange sie stillhalten und ertragen, ist ja noch alles in Ordnung. Aber wehe, sie werden „renitent" und aufmüpfig, weil sie sich noch einen Rest von Aufbegehren, Rechtsempfinden, Solidarität den anderen Alten gegenüber und Leben bewahrt haben, dann werden sie oft „ruhiggestellt". Darüber spricht man in der Öffentlichkeit nicht so gern. Aber es passiert! Und es ist ein Skandal!

Unsere Eltern, unsere Senioren, denen früher aller Respekt erwiesen wurde, die oft einen Ehrenplatz in der Familie innehatten, werden, wie unsere Kleinen abgeschoben, sobald sie lästig werden und oft genug schon prophylaktisch. Sie sind irgendwohin transportiert worden. Man hat es ihnen wahrscheinlich in den schönsten Farben geschildert oder an ihre Verantwortung gegenüber der Familie appelliert, dass ja sonst ihre Pflege nicht gewährleistet werden könne, dass es unmöglich sei, sie allein zu lassen, dass dann einer von den Verdienern zu Hause bleiben müsse und das Einkommen dann hinten und vorn nicht mehr ausreiche.

Und das ist die Wahrheit! Das Geld, das die Pflegeversicherungen für die Unterbringung der pflegebedürftigen Alten in Heimen ausgeben ist wesentlich mehr, als die Familienangehörigen bekommen, wenn sie die Pflege übernehmen. Das ist unmöglich!

Und dann sitzen sie in einem Haus, das sie nicht kennen. Müssen eventuell ein Zimmer teilen mit einer fremden Person. Die Mitbewohner sind und meistens bleiben sie ihnen fremd. Sie wissen nicht, was sie dürfen und was nicht. Sie müssen sich an Rituale gewöhnen, die sie vielleicht sogar ablehnen. Sie müssen Dinge mit sich machen lassen, die ihnen oft unangenehm sind.

Ihnen fehlen die vertrauten Gesichter ihrer Angehörigen. Ihnen fehlt der Spaziergang, auf dem man irgendeinem Nachbarn begegnete, mit dem man ein kleines Schwätzchen halten konnte. Es fehlt ihnen die Sicherheit der heimischen Umgebung. Sie können nicht einfach in den Garten gehen, wenn ihnen danach ist. Es muss immer erst um Erlaubnis gebeten werden. Das Essen schmeckt nicht so, wie Zuhause. Alle Gewohnheiten, die ihnen in ihrer familiären Umgebung vertraut und selbstverständlich waren, werden von heute auf morgen infrage gestellt.

Nun haben sie mich hierher gebracht. Warum durfte ich nicht bleiben? Ich weiß hier nicht Bescheid. Ich will weg – aber ich weiß nicht, wohin ich gehen soll. Zuhause wollen sie mich ja nicht. Wohin soll ich gehen? Aber hierbleiben kann ich auch nicht.

Und so laufen sie in ihrem Käfig herum, das Zimmer hat vielleicht 15 m^2, wenn man das Glück hat, ein Einzelzimmer zu haben.

Ich habe in all der Zeit und den häufigen Aufenthalten in den Heimen niemals ein glückliches Gesicht gesehen, ein lautes Lachen gehört.

Nein, das stimmt nicht ganz, was ich da gerade geschrieben habe. Fünf oder sechs Jahre bin ich mit einer Bekannten und später dann mit meinem Mann samstags Nachmittag in ein Heim gegangen. Wir holten die alten Herrschaften, die das wollten, in den Aufenthaltsraum. Dort beteten wir mit ihnen, erzählten von dem wunderbaren Sohn des wunderbaren Vaters im Himmel und sangen mit ihnen die schönen alten Lieder. Wir wunderten uns darüber, wie viele Strophen sie noch auswendig wussten. Wir ermunterten sie, mit ihren jeweiligen Nachbarn oder Gegenüber freundliche Worte zu sprechen, Fragen zu stellen, zuzuhören. Über alte Zeiten sprachen wir mit ihnen und wir lernten vieles von ihnen. Hier wurde gelacht, hier war Freude am Leben zu spüren, zuerst ganz zart und dann immer mutiger. Als sie begannen, uns das erste Mal zu widersprechen, haben wir uns gefreut. Wir erkannten, dass doch noch Leben in ihnen war. Manche brachten wir leider nicht mehr dazu, sich zu äußern. Aber mitkommen wollten sie doch immer wieder, wenn wir samstags an ihre Tür klopften und sie einluden.

Natürlich haben wir für alle Auslagen die wir hatten, Benzingeld, Liedermappen, ein paar Bibeln selber aufkommen müssen.

Wenn es aus verschiedenen Gründen unumgänglich ist, und ich bin überzeugt, dass es diese Fälle leider wirklich gibt, sollte der Staat nicht knauserig sein und für bezahlte Möglichkeiten sorgen, den Menschen in ihrer schlimmen Situation ein gutes Heim mit genügend Pflegepersonal, das ordentlich bezahlt wird und auch Unterhaltungen zu finanzieren, die auf ihrem Niveau sind. Nicht alle sind mit „Hänschen klein“ intellektuell ausgelastet.

Nächstenliebe oder Selbstbetrug?

Durch die Flüchtlingswelle und die von vielen deutschlandverachtenden Politikern, den Kirchen, den „sozialen" Verbänden gewünschte Integration wird es selbstverständlich zu einer Durchmischung kommen, die auch so gewollt ist.

Wir sind Exportweltmeister, wir gehören zu den reichsten Ländern der Erde, so wird es uns gesagt und im Ausland ebenfalls verkündet.

Natürlich wird so der Wunsch nach Teilhabe bei den Menschen geweckt, die diesen Wohlstand nicht haben. Ihnen ist keineswegs zu verdenken, dass sie kommen und beanspruchen, was man ihnen versprochen hat. Natürlich sind es keine Flüchtlinge, die hierher strömen. Es sind ganz einfach Menschen, die es besser haben wollen und denen diese Möglichkeit seit ein paar Jahren angeboten wird. Sie nehmen große Gefahren auf sich. Doch dafür erwarten sie am Ende ihrer Reise auch Anerkennung und vor allem alle sozialen Leistungen, die in unserem Land zur Verfügung stehen.

Das Wort Flüchtling ist derart überstrapaziert, dass es den tatsächlichen Sinn völlig verloren hat, seitdem dieser Tsunami auf uns eingestürmt ist.

Flüchtling im Sinne des Asylrechts ist ein Mensch, der in seinem Land politische Verfolgung erleidet. „Politische Verfolgung i. S. von Art. 16 a Abs. 1 GG liegt hiernach vor, wenn dem Einzelnen durch den Staat oder durch Maßnahmen Dritter, die dem Staat zuzurechnen sind, in Anknüpfung an seine Religion, politische Überzeugung oder an andere, für ihn unverfügbare Merkmale, die sein Anderssein prägen, gezielt Rechtsverletzungen zugefügt werden, die nach ihrer Intensität und Schwere die Menschenwürde verletzen, ihn aus der übergreifenden Friedensordnung der staatlichen Einheit ausgrenzen und in eine ausweglose Lage bringen“ (*Wikipedia*).

Sobald aber ein Flüchtling in einem Land angekommen ist, in dem diese Verfolgung, wie oben beschrieben, nicht besteht, muss er hier auch seinen Asylantrag stellen und kann sich nicht irgendein beliebiges Land aussuchen, in dem er gern leben möchte. Das bedeutet, dass aus dieser Perspektive jeder in unser Land gekommene sich hier widerrechtlich aufhält und keine Ansprüche auf Sozialleistung oder Ähnliches hat.

Durch unsere Politik der gewollten Nichtzunahme der ursprünglichen Bevölkerung könnten wir ein Einwanderungsland werden. Dieses Ansinnen setzt aber voraus, dass wir uns die Menschen, die hier leben und arbeiten sollten, selber nach unserem Bedarf aussuchen können. Auch dies wird in sehr vielen zivilisierten Ländern so gehandhabt und dort auch nicht von unseren Politikern bemängelt. Warum geht das bei uns nicht? Eine rhetorische Frage – man will es ganz einfach nicht.

„Einen äußerst wichtigen Punkt haben die Völker der EU übersehen. Nach Ende des Zweiten Weltkrieges glaubten weite Teile der Bevölkerung an Gott. Heute sind sehr viele, vielleicht die Mehrheit der EU-Bürger, Atheisten. Mit dem Verlust ihres Glaubens haben sie den moralischen Halt und zusätzlich den Wertekanon verloren. Sie sehen keinerlei Sinn darin, für etwas Ehrenhaftes, Wertvolles, Moralisches oder Ethisches ihre Gesundheit oder ihr Leben zu riskieren, gar zu opfern. Den Argumenten der Gläubigen anderer Religionen, Ideologien und politischer Überzeugungen sind die Europäer hoffnungslos ausgeliefert." (Nathan Warszawski, *Europa verändert sich – zum Besseren oder zum Schlechteren?* In: *Die Freie Welt* vom 15.5.2017).

Die viel beachteten „Gutmenschen" unserer Zeit, welcher Motivation folgen sie, wenn sie mit ihren Fähnchen an den Bahnhöfen stehen und Menschen begrüßen, die ihnen völlig fremd sind, während Alte in den Pflegeheimen, Kranke in den Krankenhäusern glücklich wären, wenn sich jemand um sie kümmerte?

Sicherlich wird jeder Mensch, egal ob er sich Christ nennt oder nicht, sich um Hilfsbedürftige kümmern. Man muss schon ziemlich kaputt sein, wenn man alles Fremde per se ablehnt oder bekämpft.

Aber warum helfen wir nicht ganz intensiv vor Ort. Warum wird genau das Gegenteil getan?

Die Hilfen für die Flüchtlingslager im Libanon werden empfindlich gekürzt. Die Notleidenden werden dadurch zum Weitersuchen getrieben.

Was bleibt einem Familienvater übrig, wenn er mit ansieht, wie seine Kinder und seine Frau Hunger leiden? Er muss doch dahin gehen, wo es etwas zu essen gibt. Und wenn ihm dann noch erzählt wird, wie gastfreundlich Deutschland ist und wie viel Reichtum dieses Land besitzt, dürfte wohl das Wunschziel seiner Reise klar sein. Ich behaupte, dass jeder sich so entscheiden würde.

Wir holen uns durch Rechtsbrüche fremde Menschen millionenfach ins Land. Wir schreien „Welcome" und verteilen Teddys. Die Asylindustrie verdient sich eine goldene Nase und wir zahlen.

Wohin wird das führen? Man kann einen Schnellkochtopf nicht endlos immer weiter erhitzen. Irgendwann fliegt der Deckel davon. Und was dann?

Die einheimischen Menschen, und nicht nur die sogenannten Biodeutschen, haben Sorge um das Sozialsystem, das sie schließlich mit aufgebaut haben und das uns jetzt um die Ohren fliegen wird.

„Das Bundessozialministerium stützt sich bei seinen Angaben auf Schätzungen der Bundesarbeitsgemeinschaft (BAG) Wohnungslosenhilfe, da es keine amtliche Statistik zu den Wohnungslosen gibt. Man nehme das Problem ernst, teilte das Ministerium mit. Es betreffe vor allem Männer. Aktuell seien aber auch 29.000 Kinder unter den Obdachlosen, schreibt die Bundesregierung in ihrer Antwort. Die BAG prognostizierte bis 2018 einen Zuwachs auf 536.000 wohnungslose Menschen. Das sind nach ihrer Definition alle Menschen, die auf der Straße leben, die ohne Mietvertrag in Wohnungen auf Kosten des Staats untergebracht sind, die in Notunterkünften oder Heimen untergebracht oder bei Verwandten untergekommen sind.“ (BAG Wohnungslosenhilfe e.V. *Wohnen ist ein Menschenrecht*)

Wenn wir erfahren, durch eigene Beobachtung und/oder Berichte in den Medien, dass „Flüchtlinge“ in Hotels untergebracht werden. Wenn Häuser gebaut werden, in denen sie eine Wohnung beziehen können, während Obdachlose unter Brücken, in Parkanlagen und anderen eigentlich unzumutbaren Plätzen mehr vegetieren als leben, ist doch die Empörung in der einheimischen Bevölkerung zu verstehen.

In der Zeit, als ich oft am Bahnhof war, um mit Menschen über Jesus zu sprechen, lernte ich Uli kennen. Uli war ungefähr fünfundfünfzig Jahre alt, roch streng und schlief auf einer Bank auf dem Bahnhofsgelände. In einem Kasten, in dem Split aufbewahrt wurde, hatte er seine Bettdecke deponiert. Er erzählte mir, dass er manchmal, wenn ein Lokführer Feierabend machte, für dessen Bahn hier Endstation war, ihn in einen Waggon einsteigen ließ, damit er hier übernachten konnte. Er musste nur morgens früh genug wieder verschwinden, weil dieser Vorgang natürlich verboten war.

Ich fragte ihn, warum er nicht im Männerwohnheim schliefe. Er berichtete mir, dass die älteren Männer dort von den jüngeren drangsaliert würden. Man nahm ihnen das wenige ab, das sie besaßen, eine geschenkte Jacke, eine nicht funktionierende gefundene Uhr. So bleiben die Älteren weg und suchen sich irgendwo eine Bleibe und hoffen, nicht entdeckt zu werden.

Inzwischen ist der Bahnhof, auf dessen Gelände Ulis Bank stand, modernisiert. Es gibt keinen Splitkasten mehr für seine Bettdecke und keine Bank mehr, auf der er sich ausstrecken könnte. Ob es noch Zugführer, wie den oben beschriebenen gibt, weiß ich nicht. Ich sehe auf diesem Bahnhof keine Obdachlosen mehr.

„Wie viele Obdachlose insgesamt in Hamburg leben, wird gar nicht erfasst. Birgit Müller sagt: ‚Wir können nur spekulieren. Aber wir gehen mit der Diakonie konform, dass wir um die 2000 Menschen auf der Straße haben, die teilweise sehr verwahrlost sind.'

Mit dem Flüchtlingszustrom aus Syrien und Afghanistan hat sich etwas verändert in der Obdachlosenhilfe – manchem Engagierten mag es bitter erscheinen, dass Hamburg jetzt alles in Bewegung setzt, um Flüchtlinge unterzubringen. Die EU-Obdachlosen waren früher da und haben auch ein Recht auf Unterbringung – doch die Stadt sieht das anders.

‚Was wehtut, ist, dass dadurch deutlich wird, was möglich ist. Also die Flüchtlinge nehmen uns nichts weg, sondern anhand der Flüchtlinge wird deutlich, was möglich ist, wenn eine Stadt richtig Gas gibt. Ich finde, die Stadt muss auch für Obdachlose so Gas geben, wie sie es auch für andere Gruppen tut. Und ich möchte gar keine Konkurrenz zwischen diesen Gruppen haben.‘

Eines ist sicher: Wenn die Wohnungslosen in Hamburg im April wieder auf die Straße geschickt werden, laufen die Sozialarbeiter noch mehr auf Hochtouren – auch bei „Hinz&Kunzt". Stephan Karrenbauer sagt: ‚Es kann sein, dass dann noch mehr Leute kommen. Das Einzige, was wir hier aushändigen, ist wirklich Schlafsack und 'ne Isomatte, die wir hier schon im Vorrat im Keller liegen haben. Damit die Leute zumindest 'ne Zudecke haben‘ (*DLF24* v. 31.3.2016: *Die Not mit der Nächstenliebe* von Mechtild Klein).

Die Silvesternacht 2015 machte unsere ganze Ohnmacht sichtbar, wie wir auf die Invasion von Fremden reagieren können. Frauen und Mädchen trauen sich nicht mehr in unbewohnte Gegenden oder bei Dunkelheit allein hinaus. Ihre Furcht ist nicht unbegründet. Unsere Männer werden durch Messerattacken verletzt und getötet und durch brutale Schläge ins Krankenhaus geprügelt.

Woher kommt dieser Hass der „Flüchtlinge"? Warum denken viele, dass sie hier Ansprüche anmelden können? Wieso gehen sie davon aus, dass wir bereitwillig geben, was sie verlangen?

Eine Religion, die für Anders- oder Ungläubige nur Verachtung übrig hat und von ihnen Unterwerfung verlangt, kann kein anderes Ergebnis hervorbringen. Diese Religion macht ihre Gläubigen zu Herrenmenschen, die von denen, die die Schrift haben, also die Juden und Christen Tribut verlangen. „Kämpft gegen diejenigen, die nicht an Gott und den jüngsten Tag glauben und nicht verbieten (oder: für verboten erklären), was Gott und sein Gesandter verboten haben, und nicht der wahren Religion angehören - von denen, die die Schrift erhalten haben - (kämpft gegen sie), bis sie kleinlaut aus der Hand (?) Tribut entrichten!" (*Koran, Sure 9, Vers 29*, Übersetzung von Rudi Paret).

Wie sollen westliches Demokratieverständnis und Islam zusammenpassen? Die einen verlangen, weil sie glauben, durch ihren Gott Allah Ansprüche zu haben, und die anderen wollen verständlicherweise das von ihnen Erworbene nicht freiwillig hergeben.

Mich erinnert diese Situation an eine Bibelstelle: „Und dass du gesehen hast Eisen und Ton vermengt: Werden sie sich wohl nach Menschengeblüt untereinander mengen, aber sie werden doch nicht aneinanderhalten, gleichwie sich Eisen und Ton nicht mengen lässt" (*Daniel 2, 43*). Da geht es um das Ende des Weltreiches. Am Ende wird versucht, miteinander zu verbinden, was sich nicht verbinden lässt.

Der Ein- und Inanspruchnahme der ganzen Welt unter das Regime des Islam und damit der Scharia, die erneute

Machtergreifung und Ausbreitung eines Osmanischen Reiches, muss die westliche Gesellschaft mit allen zur Verfügung stehenden Mitteln entgegenwirken. Diese Herrschaftsansprüche würden automatisch zur Unterdrückung der westlichen Kultur und Einführung von barbarischen Zwangsmaßnahmen führen, die unsere demokratische (und man kann sich darüber streiten, wie demokratisch die westliche Welt eigentlich noch ist) Werteordnungen hinwegfegen würden.

Natürlich sind nicht alle Fremden Störenfriede, Messerhelden, Diebe und Vergewaltiger. Leider werden aber die, die wirklich Schutz suchen, mit dem „Bade ausgegossen".

Sicherlich gab es vor 2015 auch Verbrechen in Deutschland. Doch ist es vernünftig, sich noch mehr Gewalttätige ins Land zu holen, in dem wir niemanden mehr registrieren und die Grenzen sperrangelweit offen halten?

Der Gott der Welt heißt Mammon

Die Fragen, die wir unseren Eliten, den politischen wie den wirtschaftlichen stellen müssen lauten: „Was wollt ihr eurem Machtstreben und eurem Gott Mammon noch opfern? Reichen die vielen unzähligen Opfer noch immer nicht?

Wie hart müssen eure Herzen sein, dass ihr das alles in Kauf nehmt? Wie viele Kriege wollt ihr noch lostreten, indem ihr die Möglichkeiten dafür schafft? Warum liefern wir Waffen in Länder, die Brot und Wasser bräuchten? Warum unterstützen wir die Fluchtgründe, indem wir ohne Erbarmen und ohne auf die Menschen Rücksicht zu nehmen, die an den Kugeln aus unseren Gewehren sterben, weiterhin Unrechtsregime mit Raketen, Panzern und Gewehren ausstatten? Wirtschaftswachstum um jeden Preis? Exportweltmeister auf Kosten von Menschenleben?

Die Politiker, die dieses zu verantworten haben, klage ich an. Sie gehören vor ein Gericht gestellt und zur Verantwortung gezogen. Sie haben Schuld am meisten Elend dieser Welt. Und die regelmäßigen Spendenaufrufe zu Weihnachten sind nur ein durchschaubares Ablenkungsmanöver.

Wann gehen die Menschen endlich auf die Straßen und vor die Regierungssitze und schreien ihre Wut heraus, über diese Verbrechen gegen die Menschlichkeit? – Nein, da werden angebliche „Fake-News“ im Internet bekämpft, damit der Hass im Netz aufhört. Aber woher kommt er, dieser Hass? Hat er nicht jede Berechtigung? Wie lange schauen wir noch zu? Wann reicht es endlich?

Die Büchse der Pandora

Mit dem Feminismus und seinen schrecklichen Auswirkungen auf unsere Familien, Arbeitsplätze und vieles mehr wurde eine Büchse der Pandora geöffnet, die wir wahrscheinlich in ihrer ganzen Gefährlichkeit und Brutalität noch gar nicht voll erfassen können.

Ein weiterer Auswuchs ist der „Gender-Wahnsinn".

Ulrich Kutschera ist Biologe und Professor für Pflanzenphysiologie und Evolutionsbiologie an der Universität Kassel. Er setzt sich mit der von John Money vertretenen „Gender-Theorie" kritisch auseinander.

„Der US-Psychologe und Erziehungswissenschaftler John Money (1921–2006) hat vor 60 Jahren die ‚Gender-Theorie' formuliert. Sie besagt, dass Menschen als geschlechtsneutrale Unisex-Wesen geboren werden. Erst durch Erziehung werden aus Unisex-Wesen Männer und Frauen. Es wird davon ausgegangen, dass das Geschlecht des Menschen nicht primär biologisch, sondern sozial konstruiert, formbar, wandelbar und wählbar ist. Nach Kutschera ist diese Sicht mit dem biblischen Kreationismus verwandt. Letztlich soll der Unterschied zwischen Männern und Frauen nivelliert, dekonstruiert werden.

Auf den Überlegungen von Money basiert ein politisches Programm: das auf der Vierten Weltfrauenkonferenz beschlossene Programm des Gender-Mainstreamings. Dieses Programm hat nach Kutschera folgende Zielsetzungen:

‚1. Auf der Welt sollten weniger Menschen existieren und mehr erotische Vergnügungen verfügbar sein. Die Unterschiede zwischen Männern und Frauen sowie Vollzeitmütter sollten abgeschafft werden.

2. Da mehr erotische Vergnügungen möglicherweise zu einem Überschuss an Kindern führen könnten, müssen Verhütungen und Abtreibung für alle verfügbar sein; weiterhin sollten homosexuelle Verhaltensweisen gefördert werden, da es hierbei zu keinem Nachwuchs kommt.

3. Die Welt benötigt einen Sexualkundeunterricht für Kinder und Heranwachsende, der zu erotischem Experimentieren ermutigt. Des Weiteren sollten die Rechte der Eltern bzgl. der Erziehung ihrer Kinder abgeschafft werden.

4. Auf der Welt sollte eine 50 : 50 Männer/Frauen-Quotenregel in allen Lebens- und Arbeitsbereichen eingeführt werden (Grundsatz der Macht-Gleichstellung). Alle Frauen müssen möglichst zu allen Zeiten einer Erwerbstätigkeit nachgehen.

5. Religiöse Glaubenssysteme, die mit dieser Befreiungs-Agenda im Widerspruch stehen, sollten diskreditiert und somit der Lächerlichkeit preisgegeben werden‘ (S. 44ff.). (*Ulrich Kutschera über den Gender-Kreationismus. Eine Rezension zu „Das Gender-Paradoxon“.* Veröffentlicht: 20.05.2017, Kategorien: Blogs – Freie Welt von Dr. Alexander Ulfig).

Eben habe ich gelesen, dass viele Spitzenpolitiker, nicht nur in Deutschland keine Kinder haben. Besonders ausgeprägt ist die Kinderlosigkeit bei Grünen und Linken Politikern. Kann es uns da noch wundern, dass die Gender-

Mainstreaming-Idee ganz besonders durch diese Kreise gefordert und gefördert wird?

„Höhepunkt eines Booms? Aktuell gibt es an deutschen, österreichischen und Schweizer Hochschulen in 30 Fachgebieten 223 Professuren mit einer Denomination, also ausdrücklichen Bestimmung, für Frauen- und Geschlechterforschung / Gender Studies. Von ihnen sind zehn mit Männern besetzt.

Das geht aus einer aktuellen Erhebung der ‚Berliner Datenbank Genderprofessuren' hervor, über die die Zeitschrift ‚Forschung & Lehre' in ihrer November-Ausgabe berichtet. In Deutschland gibt es demnach 146 Genderprofessuren an Universitäten und 50 Genderprofessuren an Fachhochschulen. Das entspricht nahezu der Anzahl der Pharmazieprofessuren (191) und ist fast doppelt so hoch wie die Anzahl der Professuren in Altphilologie (113).

Wende?

Nach Ansicht der geschäftsführenden Leiterin der Datenbank, Ulla Bock, ist die Bereitschaft der Hochschulen, die Genderprofessuren, deren Stelleninhaberinnen und Stelleninhaber pensioniert werden, wieder mit gleicher oder vergleichbarer Denomination auszuschreiben, ‚nicht als sehr hoch einzuschätzen.' Auffällig sei, dass der Genderaspekt in Ausschreibungen inzwischen häufiger nur noch am Rande erscheine“ (*News4teachers.de* vom 21.10.2014)

All diese Versuche, den Sozialismus wieder salonfähig zu machen, scheinen – Gott sei Dank! – letztendlich zu scheitern. Doch die Gesellschaft hat inzwischen großen Schaden genommen, durch die Experimente, die an erwachsenen

Menschen, an Kindern und auch an der Gemeinschaft durchgeführt wurden und werden. Neid und Misstrauen sind gewachsen. Ehen, Familien und Arbeitsverhältnisse sind zerbrochen. Viele Opfer bleiben zurück auf dem Irrsinnsweg der Grünen und Linken. Die Stabilität, das Vertrauen in den Staat und die Politik sind zertrümmert. Wir beginnen, zu überlegen, wem wir was erzählen. Wenn wir erzählen, fangen wir an zu flüstern.

Der Sexualkundeunterricht in den Schulen bereitet unsere Kinder darauf vor, mit Sexualität ohne Tabus umzugehen und macht sie kritiklos gegenüber Menschen, die eigentlich unnatürliche Praktiken mit ihnen ausprobieren wollen. Der Pädophilie wird mit dieser vom Staat verordneten Form des Sexualkundeunterrichts Tür und Tor geöffnet.

Noch sind in unserer Erinnerung die entsetzlichen Vorgänge in Belgien um den Kinderschänder Marc Dutroux.

„Dutroux plante ‚unterirdische Stadt' für noch mehr Opfer

Marc Dutroux entführte und vergewaltigte sechs Mädchen, vier von ihnen brachte er um. Nun sagte sein früherer Anwalt, dass der zu lebenslanger Haft verurteilte Kinderschänder ein unterirdisches Gefängnis für weitere Taten plante" (*Stern, Panorama vom 09.03.2016*).

Am 19.01.2017 berichtet der *Focus*, dass mehr als 11.000 Kinder in Deutschland vermisst werden. Was ist mit diesen Kindern passiert? Wo sind sie?

„10.000 Flüchtlingskinder verschwunden

Nach Angaben von Europol ist die Schätzung von 10.000 Kindern zurückhaltend. Alleine in Italien sind im letzten Jahr etwa 5000 allein reisende Flüchtlingskinder verschwunden.

Mindestens 10.000 allein reisende Flüchtlingskinder sind in den vergangenen 18 bis 24 Monaten nach ihrer Ankunft in Europa spurlos verschwunden. Dies sagte ein Sprecher der europäischen Polizeibehörde Europol am Sonntag der Deutschen Presse-Agentur in Den Haag. ‚Dies bedeutet nicht, dass allen etwas passiert ist. Ein Teil der Kinder könnte sich tatsächlich mittlerweile bei Verwandten aufhalten. Aber es bedeutet, dass diese Kinder zumindest potenziell gefährdet sind.'

Die Zahl von 10.000 Kindern sei ‚eine zurückhaltende Schätzung'. Alleine in Italien seien nach Angaben der dortigen Behörden 5000 Flüchtlingskinder verschwunden, in Schweden seien es 1000. Zahlen aus anderen Ländern könne er nicht nennen, sagte der Europol-Sprecher. ‚Diese Kinder können Opfer von Missbrauch werden. Und wir bitten unsere Kollegen (in Europa), sich darüber im Klaren zu sein, dass dies passieren könnte.'

Der Sprecher bestätigte Äußerungen des Europol-Stabschefs Brian Donald gegenüber der britischen Zeitung *The Guardian*, wonach es Beweise dafür gebe, dass einige allein reisende Kinder Opfer sexuellen Missbrauchs geworden seien. Sowohl in Deutschland als auch in Ungarn sei ‚eine größere Menge' von Kriminellen verhaftet worden, die Flüchtlinge ausbeuteten. Es sei eine eigene kriminelle Infrastruktur entstanden, die es auf Flüchtlinge abgesehen habe.

Im schwedischen Hafen Trelleborg beispielsweise seien zwar 1000 unbegleitete Kinder angekommen, doch seien sie dann verschwunden. Die Behörden wüssten nicht, wo die Kinder abgeblieben seien. Insgesamt seien im vergangenen

Jahr vermutlich rund 270.000 Kinder unter den eine Million Flüchtlingen gewesen" (*Tagesspiegel* vom 31.1.2016).

„Man muss das Wahre immer wiederholen, weil auch der Irrtum um uns her immer wieder gepredigt wird, und zwar nicht von einzelnen, sondern von der Masse, in Zeitungen und Enzyklopädien, auf Schulen und Universitäten. Überall ist der Irrtum obenauf, und es ist ihm wohl und behaglich im Gefühl der Majorität, die auf seiner Seite ist" (Johann Wolfgang von Goethe).

Wir haben viel Bedenkenswertes zusammengetragen. Können wir irgendwie aus diesem Dilemma herauskommen? Gibt es Wege, die vielleicht nur noch nicht ganz deutlich zu sehen sind?

Ja, in letzter Zeit gibt es viele interessante Ansätze aus allen Richtungen, die Gedanken formulieren, wie man den absehbaren Exitus Deutschlands, Europas und der Welt aufhalten könnte.

Im Finanzbereich entwickeln extrem engagierte Experten Strategien, um weg von dem Zinses-Zins-System zu kommen, das uns in den Abgrund reißen wird, weil es ein ungerechtes ist, das die Reichsten reicher und die Armen ärmer macht. Es ist eine Methode zur Umverteilung von „fleißig zu reich", wie Andreas Popp es beschreibt.

„Alle heutigen Staaten sind verschuldet, und wer Schulden hat, ist nicht frei. Wer Schulden hat, muss die Bedingungen der Gläubiger erfüllen. Wenn der Staat selbst nicht frei ist, dann kann er folglich auch nicht die Freiheit des Volkes ermöglichen.

Der große Dichter und Denker Johann Wolfgang von Goethe erkannte schon seinerzeit: ‚Niemand ist hoffnungsloser versklavt als jene, die fälschlicherweise glauben, frei zu sein.'

Wenn wir ein Optimum an Freiheit für alle wollen, benötigen wir also ein Finanzsystem des Volkes und einen Staat des Volkes, um eine Konzentration von Macht und die daraus folgende Herrschaft zu verhindern.

Um die gegenwärtige Lage zu verstehen, muss man sich zunächst einmal die aktuell geltende Hierarchie klar vor Augen führen. Ganz oben, an der Spitze der Hierarchie steht ein Bankensystem. Darunter untergeordnet folgt der Staat. Diese Reihenfolge erkennt man leicht daran, dass ein Staat Banknoten benötigt, um eine Währung in Umlauf zu bringen. Es gibt schließlich keine Staatsnoten. Auf die Frage, wieso der Staat Zinsen für Banknoten bezahlt, obwohl er doch selbst das Geldschöpfungsmonopol beanspruchen und Staatsnoten herstellen könnte, bekommt man von allen Regierungen keine nachvollziehbare Antwort.

Staatsnoten hat man auch in der Geschichte fast noch nie gesehen. Eine Ausnahme gab es 1963 in den USA als neben dem Banken-Dollar (Federal Reserve Note) auch ein Staats-Dollar in Umlauf gebracht wurde (United States Note). Aber John F. Kennedy konnte sich bekanntlich mit den Staatsnoten nicht durchsetzen. Sein Nachfolger kehrte rasch zu den Banknoten zurück, und seither hat sich kein US-Präsident mehr in die höhere Politik eingemischt.

Ein weiteres Beispiel, dafür, dass die Gläubiger entscheiden, was ein Staat zu tun hat, sieht man an Griechenland 2011. Als dort ein Präsident den Vorschlag machte, das Volk zu fragen, was es von Belangen hält, die das Finanzsystem betreffen, waren die Kapitalmedien sehr besorgt darüber, was im Mutterland der Demokratie vor sich ging. Wenige Tage später hat sich Papandreou dann freiwillig verabschiedet. Ob er dabei Parallelen zum Schicksal von Kennedy befürchtet haben könnte, kann natürlich niemand ernsthaft behaupten, denn für solche Theorien gibt es keine Belege. Nachfolger von Papandreou wurde schließlich ein Mitarbeiter von Goldman Sachs, der die Aufgabe übernahm, die Abteilung Griechenland für das Bankensystem zu führen.

So haben die Banken ihre als Staaten bezeichneten Abteilungen überall auf der Welt, die die Interessen des Bankensystems gegenüber den jeweils ansässigen Völkern vertreten" (Rico Albrecht: *Freiheit – eine Frage des richtigen Geldsystems.* Aufsatz und Vortrag vom 9.6.2012, Arena Leipzig, Großveranstaltung „Lust auf neues Geld").

In *Spiegel-online* vom 16.01.2017 kann man folgendes lesen: "Die globale soziale Ungleichheit ist laut einer Oxfam-Studie offenkundiger als je zuvor: Demnach besitzen die acht reichsten Männer der Welt 426 Milliarden Dollar – und damit mehr als die gesamte ärmere Hälfte der Weltbevölkerung."

Und das *Handelsblatt* informierte ein Jahr vorher, am 18.01.2016, seine Leser: „Fünf Jahre nach dem Ende der Weltwirtschaftskrise ist klar: Die Hyperreichen waren die großen Gewinner des Aufschwungs, auf den der Rest noch immer warten muss. Sie würden alle zusammen in einen einzigen Reisebus passen, und es müsste nicht mal ein großer sein: Die reichsten 62 Menschen der Welt besitzen zusammen genauso viel Vermögen wie die 3,5 Milliarden ärmsten Menschen."

Wie dokumentiert wird, gibt es das extreme Ungleichgewicht in der Welt. Wir können uns – auch ohne Hochschulabschluss – leicht vorstellen, wozu das führen muss. Da braucht es keine Panikmache und Verschwörungstheorien.

Visionäre sind hier gefragt, die ihre Vorstellungen überzeugend vermitteln können, vor allem jenen, die Entscheidungen treffen können. Wie wir feststellen dürfen, gibt es schon einige gute Vorschläge.

Genauso problematisch ist die gegenwärtige Wirtschaftspolitik, bei der das Interesse der Konzerne und Banken im Vordergrund steht. Sie werden protegiert, während das arbeitende Volk mit prekären Arbeitsverhältnissen, viel zu oft mit mehreren Arbeitsstellen und viel zu geringem und ungerecht verteiltem Lohn abgespeist wird.

Als unsere Firma vor ungefähr 25 Jahren zentralisiert wurde, wurde zunächst einmal das Gerücht gestreut, dass Arbeitsplätze in der Zentrale abgebaut und die Direktionen im Land vergrößert würden. Von dem Moment an war der Betriebsfrieden, der bis dahin in der Firma zwischen den Mitarbeitern in der Zentrale und den Direktionen, gestört. Einige Wochen später wurde genau das Gegenteil verbreitet. Die Direktionen werden eingespart und Abteilungen in der Zentrale hinzugefügt.

Wir waren jetzt alle, besorgt um das Verschwinden unserer Einkommensquelle, gegeneinander aufgebracht. Die freundlichen Worte, die wir sonst in den Telefonaten miteinander getauscht hatten und die oft hilfreichen Tipps, die wir uns unter Kollegen in der Zentrale und den Direktionen gaben, wichen einem kalten vorschriftsmäßigen Umgang.

Ein Kollege in einer Direktion nahm sich in diesem Zusammenhang das Leben. Er war in seinem gesamten Arbeitsleben in dieser Firma gewesen, hatte sich oft genug ohne auf die Uhr zu schauen eingebracht, und nun nahm man ihm einfach seinen Lebensinhalt weg.

Als dann die Direktionen geschlossen wurden, liefen wir alle planlos herum, mussten unser Leben ganz neu formieren. Die Unruhe wurde auch in unsere Familien getragen. Als ich eingestellt wurde, sagte man mir: „Hier bist du sicher wie in Abrahams Schoß. Diese Firma ist so sozial, wenn du keine silbernen Löffeln klaust, kannst du hier alt werden wie Methusalem."

So wie es in unserer Firma praktiziert wurde, dieses teile und herrsche, verbreite Unruhe und spiele sie gegeneinander aus, wurde und wird auch heute in vielen Firmen gehandhabt. Dadurch machst du Menschen gefügig. Sie vereinsamen, weil es so gut wie keine Kollegialität mehr gibt. Es geht nur noch darum, den anderen, der mein Konkurrent sein oder werden könnte, auszustechen. So entstehen Mobbing, Burn-outs und seelische Wracks. Das Zermürben entsteht nicht unter den „Verlierern" allein, sondern ebenso bei den vermeintlichen „Gewinnern". Diese werden mit besonderem Eifer und Einsatz die Wahl des Personalchefs, die auf sie gefallen ist, zu belohnen versuchen, auch wenn dies zu Lasten von Freizeit, Familie oder Gesundheit geht.

Aber auch hier beginnt ein zaghaftes Umdenken. Es ist wahrscheinlich die schwierigste Aufgabe, eine Veränderung herbeizuführen. Wir sind auf die finanziellen Mittel, die uns unsere Arbeitsleistung einbringt, angewiesen. Wovon sollten wir unsere Rechnungen bezahlen?

Und ein System, dem wir schon so lange mehr oder weniger widerspruchslos folgen, erscheint in unseren Augen unvermeidbar und unauswechselbar zu sein.

Doch auch auf diesem weiten Feld entstehen Ideen, die wir nicht einfach so vom Tisch wischen, über die wir uns vielmehr informieren und nachdenken sollten.

Und doch, selbst wenn wir alles überdenken, gut durchdachte Ideen einbringen und Menschen überzeugen könnten – reicht die Zeit noch?

Die gesellschaftspolitische Strategie läuft ebenfalls auf Zentralisierung hinaus.

Ich sehe, dass im Rausch der Wiedergutmachung unserer Nazi-Vergangenheit jeder, der nach Europa hereinwill, auch kommen kann. Wegen dieser Schuld, die Deutschland auf sich geladen hat, glauben wir, dass wir besondere Vorbilder sein müssten. Und den Verstand, der uns sagt, wir können nicht alle Menschen, denen es in ihrem Land schlechter als uns geht, in Deutschland aufnehmen, haben wir kurzerhand ausgeschaltet. Und wer noch über Plausibilität verfügt wird ganz schnell in die „braune" Ecke gestellt.

Was ist im September 2015 passiert? Die Regierungschefin eines zivilisierten Landes bricht Gesetze und Verträge, die sie teilweise selber geschlossen hat oder für die sie mitverantwortlich war. Sie lässt aus angeblich humanitären Gründen die Grenzen öffnen. Tatsächlich war der Grund, wie man jetzt erfahren hat, dass sie sich vor „öffentlich schwer vermittelbaren" Bildern fürchtete.

Ein Beitrag in der *WELT* vom 05.03.2017 klärt auf:

„Fast hätte Merkel die Grenze geschlossen

Auf dem Höhepunkt der Flüchtlingskrise im September 2015 entschied Angela Merkel, Tausende Migranten, die von Ungarn her unterwegs waren, nach Deutschland zu holen. Seitdem ist ihre Politik der offenen Grenzen heftig umstritten. Die Kanzlerin begründete die Grenzöffnung vom 4. September mit einer humanitären Notlage als Ausnahme.

Bis heute fragen sich viele: Warum blieb sie auch in den folgenden Monaten dabei? Angela Merkel, so scheint es, hatte nie vor, die Grenze zu schließen. Nun aber stellt sich heraus: Sie hatte diese Absicht sehr wohl. Die Zurückweisung von Flüchtlingen wurde in der Großen Koalition vereinbart. Der entsprechende Befehl der Bundespolizei war schon geschrieben.

Anders als bisher bekannt, verständigten sich führende Politiker von CDU/CSU und SPD im September 2015, Flüchtlinge an der deutsch-österreichischen Grenze zurückzuweisen. Dies zeigen Recherchen für das Buch ‚Die Getriebenen – Merkels Flüchtlingspolitik. Report aus dem Inneren der Macht' des Journalisten Robin Alexander, das am 13. März im Siedler-Verlag erscheint und in der ‚Welt am Sonntag' exklusiv in einem Auszug vorabgedruckt wird.

Keine öffentlich schwer vermittelbaren Bilder

Demnach gab es am Samstag, dem 12. September, um 17.30 Uhr eine Telefonkonferenz, an der Bundeskanzlerin Angela Merkel, Kanzleramtschef Peter Altmaier, Innenminister Thomas de Maizière (alle CDU), der CSU-Vorsitzende Horst Seehofer sowie der damalige Außenminister Frank-Walter Steinmeier (SPD) und SPD-Chef Sigmar Gabriel teilnahmen.

In dieser Telefonkonferenz vereinbarten sie nicht nur, am Folgetag um 18.00 Uhr Grenzkontrollen einzuführen. Vielmehr einigten sich die Spitzenpolitiker ebenfalls darauf, dass Flüchtlinge an der Grenze zurückgewiesen werden sollen.

Auch der Einsatzbefehl, den die Führung der Bundespolizei schrieb, wies in seiner ursprünglichen Fassung die Polizeidirektionen ausdrücklich an, Migranten ohne notwendige Papiere ‚auch im Falle eines Asylgesuches' zurückzuweisen. Dafür wurden in der Nacht zum Sonntag Polizeibeamte aus ganz Deutschland an die Grenze beordert. Um sie zu transportieren, wurden Busse und sogar Hubschrauber eingesetzt.

Bei der konkreten Einsatzplanung im Innenministerium am Sonntag, dem 13. September, äußerten Beamte allerdings rechtliche Bedenken. Daraufhin verließ Innenminister de Maizière die Beratungen und rief Angela Merkel an. Die Kanzlerin traf keine Entscheidung, sondern verlangte von ihrem Minister Zusagen, dass die Grenzschließung vor Gerichten Bestand haben würde und es außerdem keine öffentlich schwer vermittelbaren Bilder vom Einsatz der Bundeswehr gegen Flüchtlinge gebe.

Wäre die Schließung der Grenze illegal gewesen?

Innenminister de Maizière erörterte daraufhin mit seinen Staatssekretären, führenden Beamten und Polizeiführern, ob diese Garantien gegeben werden könnten. Er verließ dann die Sitzung noch ein weiteres Mal für ein Telefonat. Diesmal holte er die Meinung des Koalitionspartners SPD ein.

Ohne die geforderten Garantien waren weder die Kanzlerin noch der Innenminister bereit, die am Vortag bereits mit dem Koalitionspartner vereinbarte Grenzschließung für Flüchtlinge anzuordnen. Schließlich wurde der bereits fertige Befehl der Bundespolizei umgeschrieben. Nun wurde befohlen, dass ‚Drittstaatsangehörigen ohne aufenthaltslegitimierende Dokumente und mit Vorbringen eines Asylbegehrens die Einreise zu gestatten ist.' Das hieß: Zwar sollte es eine Kontrolle geben – aber eine, bei der jeder, der Asyl sagte, hereingelassen wurde, egal ob er aus einem sicheren Drittstaat oder einem sicheren Herkunftsland kam.

Die Zurückweisung von Flüchtlingen scheiterte im Herbst 2015 also nicht, wie bisher vermutet, an mangelndem politischem Willen. Vielmehr war die politische Entscheidung dafür bereits gefallen. Es fand sich in der entscheidenden Stunde nur kein führender deutscher Politiker, der bereit war, die Verantwortung dafür zu übernehmen."

Wir kennen inzwischen die vielen Versäumnisse, die es außer dieser, weder mit den europäischen Partnern noch mit den Bundesländern abgestimmten Vorgehensweise unserer Kanzlerin, gegeben hat. Da wurden Asylanträge nicht oder nur unzureichend geprüft. Da erhielten Menschen einen Asylstatus in mehreren verschiedenen Bundesländern und konnten sich dadurch Hilfsgelder erschleichen. Die Personaldecke im Bundesamt für Migration und Flüchtlinge, kurz BAMF, war zu dünn. Später wurden Mitarbeiter eingestellt, die nicht genügend ausgebildet waren. Es war sogar möglich, dass ein Deutscher als syrischer Asylant anerkannt wurde.

Deutschland wurde überrannt, und die anderen europäischen Länder argumentierten, Frau Merkel habe die Menschen eingeladen, nun solle sie sich auch um ihre Gäste kümmern.

Dann wurden immer wieder Übergriffe von den angeblich „Hilfesuchenden“ bekannt. Die Medien waren zwar angehalten, in ihrer Berichterstattung möglichst keine Angaben über die Ethnie der Täter zu machen, aber Menschen, die es gerade erlebt hatten, erzählten darüber. Und so drang es doch an die Öffentlichkeit.

Christen wurden in Asylunterkünften von Moslems misshandelt und eingeschüchtert. Mir wurde eine Begebenheit von einem Mitarbeiter des Zentralrates orientalischer Christen in Deutschland e. V. berichtet:

Eine kleine christliche Familie aus dem Irak, die vor dem IS geflohen war, lebte in einer Asylunterkunft in Deutschland. Hier war sie erheblichen Repressalien vonseiten moslemischer Mitbewohner ausgesetzt. So wurde die kleine Tochter herumgestoßen, der Vater als Schweinefleischfresser bezeichnet. Sie gingen nicht mehr nach draußen und hielten sich nur noch in ihrem Zimmer auf. Dennoch nahm die Angst immer mehr zu. Die junge Mutter war schwanger und sagte, sie möchte ihr Baby und ihre Tochter nicht irgendeiner Gefahr aussetzen, die hier augenfällig vorhanden war.

So verließen sie das Heim, organisierten einen Flug nach Mossul. Hier hatte inzwischen der IS viele Stadtviertel eingenommen. Sie konnten das Flugzeug nicht verlassen, das sie dann nach Erbil brachte. Dort gibt es noch eine kleine christliche Gemeinde, die sie aufnahm.

Mein Mann und ich waren an dieser Familie deshalb besonders interessiert, weil sie den gleichen Familiennamen haben wie wir. Wir fragten, ob es möglich sei, diese Familie wieder nach Deutschland zu holen.

Nein, als Asylanten können sie hier nicht mehr einreisen. Sie brauchen ein Visum. In dieser Zeit und diesem Durcheinander auch in den Behörden im Irak dürfte die Beantragung lange Zeit dauern. Wenn das dann doch irgendwann klappen würde, müssten mein Mann und ich eine Bürgschaft für sie übernehmen. Und davon riet uns der Mitarbeiter dringend ab, weil wir gar nicht einschätzen könnten, was da unter Umständen auf uns zukäme.

Die Unruhen, die durch den unkontrollierten Zuzug der Fremden schon entstanden sind, werden noch größer werden. Wenn durch den zahlenmäßig nicht einzuschätzenden Familiennachzug die Sozialkosten explodieren. Schon im Jahr 2016 wurden ungefähr 30 Milliarden Euro für die Unterbringung und Versorgung fremder Menschen ausgegeben. Woher sollen weitere Milliarden kommen?

Und es stehen Millionen Menschen in den Startlöchern, hierher zu kommen. Viele Tausende befinden sich inzwischen in Italien, das diese Menge an Menschen nicht versorgen und aufnehmen kann. Täglich werden von sogenannten Helfern Menschen aus angeblicher Seenot gerettet. Tatsächlich scheint es ein abgekartetes Spiel zwischen Schleppern und den Rettenden zu geben, bei dem beide Seiten verdienen, oft genug zu Lasten derer, die nach Europa wollen. Denn nicht jedes seeuntaugliche Boot wird früh genug entdeckt. Und so sterben weiterhin Menschen mit Träumen im Mittelmeer. Warum werden sie nicht zurückgebracht an die Libysche Küste? Wir laden mit unserem Transferangebot noch mehr ein, an unserem schwindenden Wohlstand teilzuhaben und die gefährliche Überfahrt zu riskieren.

Auch in diesem Punkt müssen wir uns eingestehen, dass Fehler gemacht wurden. Die vielen Milliarden, die in den vergangenen Jahrzehnten in den afrikanischen Kontinent geflossen sind und als Entwicklungshilfe deklariert wurden, sind in der dortigen Erde einfach versickert. Ich kann nicht behaupten, bessere Ideen gehabt zu haben, aber schon vor dreißig Jahren war mir klar, dass sich die Menschen Afrikas in Richtung Europa in Bewegung setzen werden.

Westliche Länder haben an ihnen schwerste Verbrechen begangen. So wurde das Land ausgebeutet, Grenzen willkürlich gezogen, die Menschen wie Tiere behandelt und versklavt.

Die Gelder, die eigentlich den Menschen helfen sollten, aus ihrem Elend herauszukommen, landeten meistens in den Taschen von Despoten, die sich goldene Kronen aufsetzten und goldene Zelte aufstellen ließen, um Staatsgäste zu empfangen. Sie lebten und leben in größtem Luxus, während das Volk hungert.

Das Geld hätte zweckgebunden gegeben werden müssen. Man hätte die Verwendung kontrollieren und die Hilfe bei Zuwiderhandlung einbehalten sollen.

Im Nachhinein kann man leicht klug argumentieren, an der jetzigen Lage ändert das nichts, es sei denn, man lernt daraus.

Ist es christlich, die Menschen über das Mittelmeer zu locken, mit Versprechungen, die unsere Politiker in Afrika säen und mit Bildern eines reichen, großzügigen Europa, die Schlepperbanden dafür nutzen, immer mehr in ihre seeuntüchtigen Boote, natürlich gegen fürstliche Entlohnung, zu verfrachten? Wie viele hoffnungsvolle junge Menschen sind schon ertrunken? Wann hört dieser Wahnsinn endlich auf? Die kräftigen jungen Männer werden dringend zu Hause gebraucht. Wenn ihnen nicht die Hand gereicht wird, die keine wirtschaftlichen Interessen an ihnen hat, wird der schöne Kontinent Afrika eines Tages nicht nur seiner Bodenschätze, sondern auch seiner Menschenkraft beraubt sein. Wie können wir damit leben? Womit werden wir dann unser schlechtes Gewissen beruhigen?

Doch auch auf diesem Gebiet werden immer mehr gute Ideen entwickelt. Lager auf afrikanischem Boden einrichten, in denen Menschen aufgenommen werden können, die gern nach Europa kommen möchten. Asylanträge könnten dort vor Ort gestellt und bearbeitet werden. Die europäischen Länder sollten verhandeln, welche Kontingente sie bereit sind, aufzunehmen.

Man könnte den Afrikanern direkt vor Ort finanziell unter die Arme greifen, sie mit notwendigen Strukturmaßnahmen vertraut machen, durch die ihr Land ebenfalls an Lebensqualität gewinnen würde. Man könnte Fabriken erstellen und die Menschen in Arbeit und Brot bringen.

Ab sofort dürften keine Waffen in irgendeiner Art an afrikanische Staaten verkauft werden.

Wir sollten uns nach Möglichkeit einklinken, in Verhandlungen der Staaten, damit Friede erreicht werden kann.

Das sind keine Maßnahmen, die von heute auf morgen gelingen können, Aber es wäre eine menschenwürdige Alternative zu der jetzigen Situation.

Der Genderwahnsinn muss aufhören. Unsere Kinder dürfen nicht oder nicht mehr der Ideologie einer menschenverachtenden Gruppe von Verrückten ausgesetzt und gefährdet werden in ihrer Entwicklung und in der Gesundheit ihrer Seelen. In erster Linie sollten sich Mütter und Väter wieder um die Erziehung ihrer Kinder kümmern und sie nicht einer staatlichen Institution mit den Möglichkeiten von Indoktrination überlassen müssen.

Es dürfte kein Geld mehr ausgegeben werden für Studienfächer wie z. B. Gender Studies, die keinen wissenschaftlichen Nutzen nachweisen können.

„An deutschen Universitäten und Fachhochschulen gab es 2014 188 Professuren für Geschlechterforschung, so genannte Genderprofessuren. Es handelte sich fast ausschließlich um Denominationen in über 30 Fachgebieten von Literaturwissenschaft über Soziologie bis Medizin und Sport. Viele dieser Stellen sind befristet, 17,6 Prozent sind Professuren in der hoch dotierten Besoldungsgruppe W3" (*Wikipedia, Gender Studies*).

„Längst hat sich unsere mächtige Gender-Lobby eine veritable Vermarktungsindustrie aufgebaut. Jedenfalls gibt es 146 entsprechende Professuren an Universitäten – plus weiteren fünfzig an Fachhochschulen.

Nur mal ein Vergleich: Das entspricht nahezu der Anzahl unserer 191 Pharmazieprofessuren in der Bundesrepublik und liegt bald doppelt so hoch wie die Anzahl der Professuren in Altphilologie, von denen es – noch – 113 gibt.

Und natürlich produzieren diese Gender-Lehrstühle im ganzen Lande „Gender-Spezialisten" am laufenden Meter. Also Tausende von jungen Leuten, die man eigentlich für die

Arbeitslosigkeit ausbildet. Es sei denn, man erfindet Anschlussverwendungen, die allerdings eindeutig in die Kategorie „künstliche Arbeitsbeschaffung“ einzuordnen sind.

Dabei haben wir längst eine traurige Meisterschaft erreicht: Während unsere Firmen händeringend junge Azubis suchen, die in Hunderten von Berufsbildern einen auskömmlichen Job finden könnten, verschwenden wir Geld, Kraft und Zeit mit der Umsetzung von Gender-Fantasien. Wer gebietet diesem Wahnsinn endlich Einhalt?“ (*Welt N24* vom 15.03.2015 *Hurra, viele neue Jobs durch Gender-Terror* Hildegard Stausberg).

Resümee und Lösung aller Probleme

Die Sprengkraft der Probleme in dieser Welt ist möglicherweise vielen noch gar nicht bewusst. Und wenn wir alle Einflüsse, denen die Menschheit zur Zeit ausgesetzt ist, zusammentragen könnten, würde trotz aller Bemühungen kluger Köpfe sichtbar, dass wir uns dem Ende mit Riesenschritten nähern.

Die Angst und das Entsetzen vor dem Resultat all der oben geschilderten und der Vollständigkeit entbehrenden Strömungen auf jedem Gebiet und der Gleichzeitigkeit der Ereignisse, werden in der Gesellschaft immer offensichtlicher.

Doch Angst und Entsetzen nützen nicht. Auch Friedensbewegungen und Demonstrationen gegen die Regierung und ihre falschen Entscheidungen verpuffen wirkungslos. Selbst eine Revolution änderte nichts an der jetzigen Situation. Alles dieses kann das Ende ein bisschen kaschieren. Doch inzwischen spüren die meisten Menschen, dass jede Initiative, das Faktum einer untergehenden Welt umzukehren, sinnlos ist.

Gottes Wort überlässt nichts unserer Fantasie. Es spricht deutlich und unmissverständlich aus, wie es in der Welt zugeht und was der Grund dafür ist.

Am Ende der Zeit, so sagt es uns, wird die Liebe in vielen erkalten. Töchter werden Mütter hassen und Väter ihre Söhne verraten.

„So bezeuge ich nun vor Gott und dem HERRN Jesus Christus, der da zukünftig ist, zu richten die Lebendigen und die Toten mit seiner Erscheinung und mit seinem Reich: Predige das Wort, halte an, es sei zu rechter Zeit oder zur

Unzeit; strafe, drohe, ermahne mit aller Geduld und Lehre. Denn es wird eine Zeit sein, da sie die heilsame Lehre nicht leiden werden; sondern nach ihren eigenen Lüsten werden sie sich selbst Lehrer aufladen, nach dem ihnen die Ohren jucken, und werden die Ohren von der Wahrheit wenden und sich zu Fabeln kehren. Du aber sei nüchtern allenthalben, sei willig, zu leiden, tue das Werk eines evangelischen Predigers, richte dein Amt redlich aus" (*2. Timotheus 4, 1–5*).

Wer die *Bibel* aufmerksam liest, stellt fest, dass Ähnliches dort längst vorausgesagt wurde. Menschen, die Jesus nachfolgen, werden von den schrecklichen Zeiten, in denen wir jetzt leben, nicht überrascht sein. Sie befinden sich im Auge des Sturms. Um sie herum tobt das Chaos, und in ihnen sind Ruhe und Friede. Die Angst hat keinen Raum. Wer sich in der Hand Gottes weiß, die behütet und versorgt, kann getrost sein.

Gottes Wort sagt, Jesus wird wiederkommen und das Friedensreich auf Erden aufrichten. Er wird Seine Getreuen um sich sammeln, die während der Trübsalszeit nicht zu Verrätern wurden, sich nicht haben einschüchtern lassen durch Drohungen oder Folter. Die Ihn mit brennenden Herzen erwarten – ihren Bräutigam.

Es wird kein Hass mehr sein, kein Neid, kein Schmerz und keine Krankheit. Er wird unser König sein und uns so regieren, wie wir es uns wünschen und wie wir es von keinem irdischen König erwarten können.

Hymne auf Gott

Ich habe nicht studiert, bin ein Mensch, der versucht, durch Erfahrungen zu lernen, sich nicht dem Neuen zu verschließen, aber sich nicht überrumpeln zu lassen von scheinbar Fortschrittlichem und dadurch Weitergedachtem.

Meine Aufgabe sehe ich darin, eine Hymne auf Gott zu schreiben. Nicht auf irgendeinen Mythengott, sondern auf den Allmächtigen, aus dessen Hand alles kommt, dem nichts unmöglich ist. Meine enge Verbundenheit mit Ihm ging nicht von mir aus. Mein Horizont war so verengt, dass ich die Größe dieses Gottes nicht erahnen konnte.

Doch dann hat er sich erniedrigt, hat sich mit mir auf eine Stufe gestellt und mir gesagt: „Du wirst nie mehr allein sein. Ich bin der Immerdabeiseiende. Du musst nicht vor mir liegen. Kleingemacht hast du dich selbst und andere. Ich mache dich groß, so groß wie du schon immer sein solltest. Du sollst mein Gegenüber sein. Du sollst mit mir durch die Abenddämmerung gehen, nicht hinter mir, sondern neben mir."

Er lässt mich an sich teilhaben. Lässt mich, wie einen Vertrauten, einen Freund, in Seine Gedankenwelt hineinschauen. Er gibt sich zu erkennen, nicht geheimnisumwoben, sondern klar und wahr. Ich lerne, Er ist kein Mythos, kein nebulös verschwommener Geist, weit entfernt und unnahbar. Er ist Gott, mein Vater. Er ist schon immer mein Vater gewesen, weil Er es sein wollte.

In Seiner Gegenwart lösen sich naturgegebene Bindungen auf, Fesseln öffnen sich. In Gottes realer Welt wird der Geist frei und erwacht zum Leben. Wie ein Kind, das voller

Vertrauen, ohne Zweifel an seine Eltern glaubt, ihnen alles zutraut, so dürfen wir unsere Hände Seinen überlassen und uns führen lassen auch durch unwegsamstes Gelände. Er sucht das eine, das sich verlaufen hat. Wenn Er es findet, verletzt, verängstigt, verloren, reinigt Er die Wunden, streichelt die Angst fort und trägt es auf Seinen Schultern in die Sicherheit.

„Wenn der HERR die Gefangenen Zions erlösen wird, so werden wir sein wie die Träumenden“ *Psalm 14.7.* „Dann wird unser Mund voll Lachens und unsere Zunge voll Rühmens sein. Da wird man sagen unter den Heiden: Der HERR hat Großes an ihnen getan!“ *Psalm 126, 1+2.*

Unser Vertrauen wird von Ihm niemals enttäuscht. Kein Vater ist umsorgender, keine Mutter herzlicher, kein Freund treuer, kein Bruder zuverlässiger, kein Richter gnädiger als unser Gott, unser himmlischer Vater. Er ist uns alles.

Er trägt viele Namen, die Ihn beschreiben. Alle erzählen von Seinem unnachahmlichen Charakter. In vielen Ländern gibt es die verschiedensten Götter, doch unser Gott unterscheidet sich von allen dadurch, dass Er der Lebendige ist, dass wir eine Beziehung zu Ihm haben können, dass Er uns antwortet und uns berät und vor allem, dass Er Seine Menschen liebt. Gott ist nicht Mensch, Er ist Geist. Er hat einen Teil von sich selbst auf die Erde geschickt, den Heiligen Geist. Dieser führt uns in alle Wahrheit. Er unterweist uns darin, Gott und Seinen Sohn Jesus kennenzulernen.

Seine Namen, von denen hier wenige angeführt sind, lassen uns Seine Größe, Stärke, Liebe und Treue erahnen.

YAHWEH-ORI: Gott, mein Licht

„Das Volk, das in Finsternis saß, hat ein großes Licht gesehen; und die da saßen am Ort und Schatten des Todes, denen ist ein Licht aufgegangen“ *Mat. 4, 16.*

Bei Gott gibt es keine Finsternis. Er selbst ist das Licht. „Dein Wort ist meine Fußes Leuchte und ein Licht auf meinem Wege.“ Im *Psalm 119, Vers 105*, zeugt der Psalmist (wahrscheinlich der König David) von der Dunkelheit der Welt. Hier hilft uns Jesus selbst, nicht zu straucheln; denn Er ist das Wort. Gott bewahrt uns, wenn wir Ihm vertrauen und ganz in Seiner Gegenwart bleiben.

YAHWEH-RAFA: Gott, unser Heiler

Wenn Seine Hände uns berühren, werden die Wunden unseres Herzens geheilt. Sie entstanden, als wir unsere eigenen Wege gegangen sind. Manche Verletzungen waren so schwer, dass unsere Seele krank wurde. „Er heilt, die zerbrochenes Herzens sind, und verbindet ihre Wunden“ *Psalm 147,3*. Diese Worte sind Bestandteil der andächtigen Begeisterung und dem Jubel des Psalmisten über diesen wunderbaren, großen und treuen Gott. Durch die falsche Entscheidung Adams sind unsere Körper Krankheit und Tod unterworfen. Doch Jesus hat unsere Schmerzen getragen und durch Seine Striemen sind wir geheilt. Er hat den Tod besiegt. Deshalb werden wir mit einem unvergänglichen Leib versehen werden, wenn Jesus uns zu sich holt.

YAHWEH-ZITKENU: Gott, unsere Gerechtigkeit

Gott ist die Gerechtigkeit. An Ihm muss sich jede Tat messen lassen. Durch den Opfertod Jesu und Seine Auferstehung hat Gott uns zur Gerechtigkeit gemacht. All unsere Schuld ist von uns genommen. Er hat ein für alle Mal die durch unsere Sünden aufgerichtete Mauer zwischen dem heiligen Gott und uns zerbrochen.

Denn er hat den, der von keiner Sünde wusste, für uns zur Sünde gemacht, auf dass wir in ihm die Gerechtigkeit würden, die vor Gott gilt“ *2. Korinther 5, 21.*

YAHWEH-ROI: Gott, unser Hirte

Der gute Hirte hat Sein Leben für die Schafe gegeben. Er ist zuverlässig. Ihm können wir uns in jeder Situation anvertrauen.

„Er wird seine Herde weiden wie ein Hirte; er wird die Lämmer in seine Arme sammeln und in seinem Busen tragen und die Schafmütter führen“ *Jes. 40, 11.*

Und David jubelt: Der Herr ist mein Hirte. Mir wird nichts mangeln. Er weidet mich auf einer grünen Aue und führet mich zum frischen Wasser. Er erquicket meine Seele und führet mich auf rechter Straße um seines Namens Willen. Und ob ich schon wanderte im finstern Tal, fürchte ich kein Unglück, denn du bist bei mir. Dein Stecken und Stab trösten mich.

YAHWEH-SCHALOM: Gott, unser Friede

„Dies habe ich mit euch geredet, damit ihr in mir Frieden habt. In der Welt habt ihr Angst; aber seid getrost, ich habe die Welt überwunden“ *Joh. 16, 33.*

„Ehre sei Gott in der Höhe und Friede auf Erden bei den Menschen seines Wohlgefallens“ *Lukas, 2, 14.*

Um uns herum tobt das Chaos. Überall Kriege, Flucht, Hunger und Unsicherheit. Die Menschen werden von Angst getrieben, und dahinein klingt das Gotteswort: Ich gebe euch Frieden. Fürchtet euch nicht, die Welt ist voller Unruhe, aber bei mir seid ihr im Auge des Sturms; denn ich habe die Welt überwunden.

Die Wirklichkeit Gottes ist eine Himmelswelt voller Gesang und Anbetung, voller Freude und Liebe. Die Bewohner dieser Herrlichkeit kennen die Größe, die Liebe, die Macht ihres Gottes. Sie leben mit Ihm. Er ist ihnen nicht verborgen. Seine Majestät erfüllt das ganze All. Sie preisen und loben den, der auf dem Thron sitzt und Seinen Sohn, der als Lamm auf die Erde kam. Er wird wiederkommen aber dann wird Er der Löwe von Juda sein, Er, der versprochene König aller Könige, der Herr aller Herren und unser Bräutigam.

Er wird das wirkliche Tausendjährige Reich auf Erden errichten, in dem es keinen Neid, keine Boshaftigkeit mehr gibt und wo weder Krankheit noch Tod sein werden. Er wird der erste und einzige König der Gerechtigkeit und der schon im Alten Testament verkündete Friedensfürst sein.

Mein Herz ist voller Dankbarkeit und Freude. Mit Maria, der Mutter Jesu, kann ich jubeln:

„Meine Seele erhebt den Herrn, und mein Geist freut sich über Gott, meinen Retter, dass er angesehen hat die Niedrigkeit seiner Magd; denn siehe, von nun an werden mich glückselig preisen alle Geschlechter! Denn große Dinge hat der Mächtige an mir getan, und heilig ist sein Name“ *Lukas 1, 46–49.*

Der Thron Gottes, in der *Offenbarung 4* gezeichnet, lässt uns an der Herrlichkeit, der Reinheit, der Klarheit, der Würde und der Erhabenheit des Schöpfers der Welt Anteil nehmen. Dieses Bild darf Johannes, der Jünger, den Jesus liebte, schauen. Er fällt nieder vor dieser gewaltigen Komposition von Farben, Musik, Menschen, Tieren und Geistern.

Ein neuer Klang, ein neues Lied erfüllt den Himmel. Die Ältesten auf den Thronen vollenden das Anbetungswerk der Tiere, die dem Allmächtigen Preis, Ehre und Dank entgegengebracht haben. Sie erheben sich von ihren Königssesseln, werfen sich in aller Ehrfurcht nieder, beten Ihn an, der da lebt von Ewigkeit zu Ewigkeit, und ihr Gesang ertönt voller Hingabe:

„Herr, du bist würdig zu nehmen Preis und Ehre und Kraft; denn du hast alle Dinge geschaffen, und durch deinen Willen sind sie und wurden sie geschaffen."

Von dem Thron, auf dem der saß, der von keinem menschlichen Auge je gesehen worden war, gingen Blitze, Donner und Stimmen aus. Ein Regenbogen umfasste den Thron, anzusehen wie ein Smaragd.

Fackeln, Feuer und ein gläsernes Meer überlassen unserer Vorstellungskraft, Johannes Eindrücke nachzuspüren.

Der Apostel kann nur die Worte nutzen, die ihm zur Verfügung stehen, um diese unvorstellbare, unbeschreibbare, sich allem irdischen entziehende Herrlichkeit, Harmonie, den Gleichklang der Gefühle in den himmlischen Sphären darzustellen.

Dieser hoheitsvolle, souveräne, unbeugsame, verehrungswürdige Gott sieht uns, hat Mitleid mit uns, spricht mit uns. Er kommt uns ganz nah, so nah, dass Er in unsere

Herzen einziehen möchte. Seine gütigen, schützenden Arme umfangen uns. Er liebt uns.

Seinen einzigen Sohn, Teil von sich selbst, sendet Er auf die Erde. Er wird zum lebenden Beweis der Liebe, Fürsorge, Treue und der unendlichen Gnade unseres Gottes.

Über die Autorin

Edeltraud-Inga Karrer wurde als sechstes Kind Silvester 1946 in eine Flüchtlingsfamilie hineingeboren. Ihre Lieblingsbeschäftigung war und ist das Lesen. Daraus entstand zwangsläufig auch das Schreiben, womit sie während ihrer Schulzeit ihre guten Noten in Deutsch begründete. Nach einigen Kurzgeschichten brach sie die Veröffentlichungen wieder ab und widmete sich der Erziehung ihrer drei Kinder. Verzweiflung an ihrem schwierigen Leben ließ sie an Suizid denken. Doch dann brachte die zweite Begegnung mit Jesus die Wende in ihrem Leben.

Zeitfracht Medien GmbH
Ferdinand-Jühlke-Straße 7
99095 Erfurt, Deutschland
produktsicherheit@kolibri360.de